나는 **30**살에
경매를 시작해
40살에
은퇴를 꿈꾼다

나는 30살에 경매를 시작해 40살에 은퇴를 꿈꾼다

박수훈 · 엄진성

NODE MEDIA
노드미디어

경매를 처음 접하고 투자수익이 생기면서 자연스럽
게 지인들에게 경매에 대해 알리게 되었다. 경매 전도
사가 되면서 사람들이 '경매에 대한 막연한 두려움'과
'시간이 없을 것 같다는 생각', '다른 리스크가 없지 않
을까'라는 생각을 하고 있는 것을 깨닫게 되었다. 나
만의 투자의 길을 고독하게 걸을 것인가 아니면 나처
럼 고민하고 있는 분들에게 많은 도움이 되도록 할
것인가에 대해 고민을 하게 되었고 두 가지의 길을
함께 선택하게 되었다.

투자의 길은 고독한 시간의 싸움이 될 수 있다. 특히,
나와 비슷한 나이대에 계신 분들은 투자에 대한 경험
이 적어 쉽게 투자라는 길에 발을 담그기 쉽지 않을
것이다. 경매만이 투자의 길은 아니지만, 경매를 시작
할 때 가장 기본적으로 알아야 할 것들과 현장에 대
한 경험을 살리기 위해 노력했다.

나는 경매를 시작한 지 그리 오래되지 않았다. 그러
나 누구보다 집중했고 괜찮은 수익률이 나오고 있다.
경매를 자칫 잘못 접근하면 상당히 위험한 투자가 될

수 있다. 하지만 전문가와 함께하거나 올바른 길을 걷는다면 우리 모두가 꿈꾸는 은퇴의 길에 좀 더 근접할 수 있는 계기가 될 수 있다.

당신도 할 수 있다. 따라서 기본적인 것에서부터 시작을 해보자. 경매는 케바케(케이스 바이 케이스)이기 때문에 모든 내용을 서적에 담기 힘들 수 있다. 따라서 책을 아무리 많이 읽는다고 해서 답이 나오는 것은 아니다. 소액으로 실전경험을 해보는 것을 추천한다. 혼자 힘들다면 함께 길을 걷는 방법도 있으니 말이다.

경매를 처음 접하면서 재경사(재테크로 경매를 하는 사람들)에서 올바른 길로 선도해주신 등대지기님과 현점장, 율님 그리고 재경사에서 함께 투자로 성공의 기쁨을 누리고 계신 모든 멤버분들 너무나 감사드리고 항상 곁에서 많은 응원을 해주신 오비비님 또한 감사드립니다. 그리고 경매전도사의 꿈을 한 발짝 이뤄지게 해주신 엄소장님 늘 감사드립니다.

차 례

3장

**경매 투자는
어떻게
해야 하는가**

1장

경매로
당장
은퇴준비를
해라

경매로 당장 으퇴춘ㅂ 매른

나는 30살에 1500만 원으로 월소득 100만 원을 만들었다

부자가 되고 싶다는 꿈부터 꿔라

나는 서른 살이 되던 2018년 2월에 처음으로 부동산에 관심이 생겼다. 불과 1년 전 이야기다. 그전까지 부동산은 막연히 돈이 많이 들어가는 투자 방법이라고 생각했다. 수중에 돈이 없던 나에게 부동산 투자로 돈을 벌 수 있다는 것은 완전히 딴 세상 이야기였다. '부동산은 부자들만이 할 수 있는 투자 방법이잖아. 나이도 어린 나 같은 서민이 무슨 부동산이야.'라고 생각할 수밖에 없는 빈자의 마인드로 하루하루를 보냈다.

늘 부자가 되고 싶다는 마음을 가지고 있던 나는 대학을 졸업하자마자 취업보다는 창업을 택했다. 어설프게 회사에 다니면서 상사의 눈치를 보고 언제 잘릴지 몰라 안절부절못하는 삶보다는 차라리 창업이 낫겠다 싶었다. 친구와 함께 고속도로 휴게소에서 추로스를 파는 작은 가게를 오픈했다. 본격적으로 장사를 시작하기도 전에 나는 보기 좋게 실패를 맛봐야 했다. 창업 준비 시간도 짧았고, 자본금도 없었으며 경험 또한 부족했다. 오직 젊다는 패기만 믿고 시작한 일이었는데 친구와 나는 가게를 접어야 했다.

너무나도 궁금했다. 사람들은 어떻게 부자가 되는지 그리고 어떻게 하면 나도 부자가 될 수 있는지 매일 고민했다. 경제뉴스를 보고 있던 나는 사람들이 부동산으로 돈을 벌고 있다는 기사를 뒤늦게 접하고 나서 도대체 어떻게 부동산으로 돈을 벌고 안정적인 삶을 살고 있는가에 관한 부동산 관련 책 몇 권을 바로 구매해서 읽었다.

부동산 관련 지식이 전무했던 나는 부동산 취득 방법의 하나인 '경매'에 대해 알게 되었고 유튜브와 책을 통해 경매에 대한 지식을 쌓기 시작했다. 인터넷에는 경매에 대한 수많은 정보가 있었다. 하지만 경매에 대한 용어부터 생소했고 마치 법전을 공부하는 듯한 어려움을 겪었다. 용어가 익숙해질 때까지 책을 보다가 '권리분석'에 대한 궁금증이 생겼다. 그러던 중 재경사(재테크로 경매를 하는 사람들)이란 카페에서 내가 원하는 내용의 답변을 찾을 수 있었다. 우연히 가입한 인터넷카페에 올라와 있는 내용을 죽 살펴봤다. 카페에는 나 같은 완전 경매 초보자들의 실제로 투자를 성공한 사례들이 많이 올라와 있었다. 그때부터 나의 가슴속에 하나의 불씨를 지폈다. '아, 나도 할 수 있겠구나. 까짓것 한번 해보자'라고 생각하며 작은 부자의 꿈부터 꿨다.

회사에 입사하자마자
은퇴를 준비하다

고속도로 휴게소에서 추로스를 파는 장사를 접고 또 하나의 사업을 시작했다. 그러나 또 문을 닫아야 했다. 몇 번의 사업 실패로 자신감은 바닥에 있었고 매일 좌절을 온몸으로 느껴야 했다. 남은 인생에서 나에게 '부'는 없을 것이라고 생각했다. 그래도 먹고 살아야 하므로 어렵게 취업의 문을 두드렸고 결국 조그마한 직장을 다니게 되었다. 직장인이 되었다는 기쁨도 잠시였다. 나는 언제까지 힘든 직장을 다닐 수 없다는 생각을 했고 앞으로 결혼도 해야 하고 부모님께 효도하고 싶은 마음에 일찍 '은퇴하고 싶다'는 목표를 정했다.

'1년 전에 경매를 시작하지 않았으면 어땠을까?'라는 생각을 하면 등골이 오싹해진다. 아마도 열심히 직장을 다니면서 1년 내내 쓰지 않고 매월 100만 원씩 모았다면 총 1,200만 원을 저축했을 것이고, 수중에 가지고 있던 2,000만 원을 더해서 총 3,200만 원의 현금을 가지고 있었을 것이다. 5천만 원도 안 되는 돈으로 '어떻게 결혼을 하고 내 집 마련을 할까?' 늘 고민하면서 살았을 것이다. 그러나 나는 경매 투자로 현재 총 3개의 부동산을 소유하고 있고 은행의 대출 이자를 빼고도 100만 원을 매월 꼬박꼬박 받고 있다.

경매의 달콤한 '맛'을 본 나는 지금도 경매를 위한 투자금을 열심히 모으고 있다. 나도 초보자이기 때문에 앞으로 경매에 대해서 초보자 수준에서 최대한 쉽게 이야기를 풀어갈 것이다. 그러나 우선 이야기하고 싶은 부분은 '레버리지를 활용하라'이다. 경매에서 활용할 수 있는 레버리지는 '경락잔금대출'이라는 은행의 대출상품이다. 이는 주택담보대출과는 성격이 비슷하지만, 전혀 다른 특징을 가지고 있다. 따라서 주택을 살 때 받을 수 있는 '주택담보대출'을 이용하는 것보다 '경락잔금대출'을 이용하는 것이 레버리지 측면에서 더 유리하다. 실제로 대출 가능 비율이 훨씬 높기 때문에, 경락잔금대출을 이용해야 투자 수익률을 높일 수 있다. 나는 앞으로도 계속 제도권에서 허용하는 레버리지를 이용하여 투자하면 몇 년 후에는 일하지 않아도 월 500만 원 이상을 만들수 있다고 확신한다. 나이를 먹어서 은퇴하는 삶이 아닌

30살부터 준비해서 40살에 은퇴하는 대표적인 부동산 경매 투자자로 기억되고 싶다.

경매란 무엇인가?

경매란?

채권자의 신청에 의해 채무자 소유의 부동산을 법원을 통해 경매 절차를 걸쳐 입찰 당일 최고
가를 제시한 자에게 파는 방법이며 채권자의 금전채권을 회수하는 것을 목적으로 함.

낙찰자는 문제를
해결해 주는 해결사

"경매는 안 좋은 거 아니야? 리스크가 너무 크지 않아?"라는 질문
을 하는 부동산 초보 투자자들이 있을 것이다. 경매란 채권자가 채무
자로부터 돌려받지 못한 자신의 채권을 회수할 목적으로 법원에 매각
을 신청하면 법원이 입찰하여 채무자의 물건을 매각한 후 그 매각대금
으로 채권자에게 채권을 충당하는 법적 제도다. 따라서 낙찰자는 나쁜
것이 아니라 문제 생긴 것을 해결해 주는 해결사 역할을 하는 것이다.

경매에서 발생하는 낙찰금액은 좋은 의도로 사용된다. 원래 채권자가 받아야 하는 돈을 못 받았기 때문에 경매를 진행하게 된다. 따라서 낙찰금액이 크면 채권자가 받아 갈 수 있는 돈이 많아지게 된다. 또한 경매로 집을 넘기게 된 채무자의 경우 자신의 빚이 줄어드는 효과가 생긴다. 따라서 경매로 물건을 낙찰받은 낙찰자는 양쪽 모두에게 도움을 주는 해결사가 맞다.

안 좋은 인식이 있지만, 경매는 나와 같은 서민 초보 투자자에게는 좋은 투자처가 될 수 있다. 경매로 나오는 부동산 물건은 우선 감정평가사의 감정을 통해서 적당한 가격을 책정한다. 바로 감정가다. 감정가가 정해지고 나서 경매로 진행을 했을 때 낙찰이 되지 않으면 유찰이 된다. 한번 유찰이 될 때마다 30%씩 금액이 떨어진다. 예를 들어 최초감정가 1억의 물건이 유찰되면 7,000만 원에서 경매가 시작된다. 따라서 경매투자를 통해서 부동산을 사면 작게는 100만 원부터 많게는 몇억까지도 싸게 살 수 있는 장점이 존재한다.

부동산 경기가 좋든 나쁘든
경매가 최고다

멀쩡한 집에서 전세로 잘살고 있는 임차인(세입자)은 집이 경매로 넘어가게 된다는 소식을 접하면 상당한 충격을 받을 것이다. 또한 최근의 전셋값 하락으로 집주인들이 전세금을 제때 돌려주지 못해서 임차인(세입자)이 법원에 경매 신청을 하는 경우도 상당히 늘고 있다. 만약 경매로 부동산 물건을 낙찰받았는데 점유자(임차인)이 나가지 않고 계속 버티고 있다고 생각해보자. 이런 상황에서 초보 투자자의 경우 매일 같이 낙찰받은 물건지에 가서 점유자에게 나가라고 소리를 치며 싸워야 한다고 경매에 대해서 오해할 수 있다.

하지만 법원에서 만든 제도 중 '인도명령'이라는 것이 존재하기 때문에 법대로 진행하면 수월하다. 인도 명령이라고 하면 집에다가 압류딱지(일명 빨간딱지)를 붙이고 강제로 사람을 끌어내는 소위 말하는 검은 양복의 사람들이 하는 것으로 생각하지만 이는 큰 오산이다. 상황에 따라 다르지만, 생각보다 쉽게 명도(점유자를 내보내고 부동산을 인도받는 행위)를 할 수도 있기 때문에 초보 투자자는 겁부터 먹지 않아도 된다.

대한민국의 경매시장은 펄펄 끓는 냄비 같다. 경매가 돈이 된다고 하여 사람들이 많이 몰리고 있고 실제로 서울의 아파트 낙찰률은 100%를 넘기는 경우가 허다하다. 감정가보다 비싸게 낙찰을 받을 정도로 인기가 있다는 뜻이다. 지금처럼 부동산 시장이 얼어붙고 있는 시점에서도 돈을 버는 사람이 있는 것처럼 경매시장에서도 지속해서 돈을 벌고 있는 사람들이 있다. 부동산 경기가 좋지 않을 때는 경매로 적게 이익을 보면 되는 것이고, 부동산 시장이 호황이라면 경매로 크게 이익을 보면 되는 것이다. 경매는 부동산 경기의 흐름과 발맞춰 수익을 만들 수 있는 메리트가 상당한 투자 방법의 하나다.

왜 지금 경매를
시작해야 하는가?

좋은 물건은
바로 나오지 않는다

경매를 시작했다고 해서 좋은 물건을 한눈에 알아볼 수 있는 눈을 가질 수 있다면 얼마나 좋을까. 그러나 현실은 정반대다. 또한 수익률이 높거나 남들이 놓친 알짜배기 물건을 받기도 쉽지 않다. 나도 1년 동안에 세 개의 부동산을 낙찰받았는데 돈이 있다고 해서 경매로 나온 모든 물건을 무작정 들어갈 수는 없다. 왜냐하면 경매로 물건을 잘 받는다면 상당한 자산을 만들어 줄 수도 있지만, 안 좋은 물건 소위 경매

시장에서 이야기하는 '사약' 같은 물건들도 많이 있기 때문이다. 실제로 경매 시장에는 감정가가 시세보다 비싸게 잡힌 물건들도 많다. 감정가가 비싼 물건이면 그 물건은 투자에서 실패할 확률이 높다고 할수 있다.

또한 물건 낙찰은 받았는데 세입자를 구하기 어려워서 임대가 안 맞춰지거나, 매각이 안 되는 물건이라면 부동산에 들어갔던 당신의 소중한 목돈은 묶이게 된다. 돈이 묶이는 순간 당신이 투자할 수 있는 시기는 몇 년 뒤로 훌쩍 밀려나기 때문에 투자에서만큼은 신중해야 한다. 낚싯바늘을 오랫동안 담그고 있어야 좋은 물고기를 잡을 수 있는 확률이 더 올라가듯 돈을 벌 수 있는 기회는 누구에게나 온다. 하지만 기회는 언제까지나 당신을 기다려주지 않는다. 꾸준히 경매 물건을 탐색하고 연구하고 공부해야 한다.

부동산 대출 규제는 경매에 도움을 준다

정부에서는 대출 규제를 강력하게 실행하고 있다. 2019년 2월 기준으로 서울시 송파구에 있는 헬리오시티는 몇 달 사이에 전셋값은 2

억 원 이상 하락하고 있으며, 잔금대출에 대한 규제로 서울에서 5년 만에 미분양 아파트가 생긴 곳도 있다. 정부의 대출 규제는 대출을 받아 집을 소유한 소유자에게 큰 부담으로 작용한다.

왜냐하면 전세를 끼고 집을 산 소유자가 세입자에게 갑자기 전세금을 돌려줘야 한다거나 새로운 세입자를 받을 때 낮아진 전세금 때문에 오히려 집주인이 대출을 받아야 하는 경우가 생기게 된다. 일명 '깡통주택'이 되는 것이다. 이런 상황으로 현금이 급하게 조달이 되지 않거나 대출이 더 되지 않는 한계에 다다른 집주인에게 채권자는 경매 절차를 진행하게 된다. 결국 정부의 대출 규제로 인해 과도한 욕심을 부린 투자자들의 경매물건이 시장에 쏟아지게 된다.

물고기가 많아야 물고기를 잡을 수 있는 확률이 높아지게 된다. 경매 물건이 많을수록 좋은 투자 물건을 낙찰받을 확률이 올라가게 된다. 물론 비싼 아파트만 경매물건으로 나오는 것이 아니다. 1억짜리 빌라 5개를 가지고 있는 사람에게도 똑같은 상황이 발생할 수 있는 것이다. 이는 경매에서 공담(공동담보)물건으로 나온다. 이러한 공담물건은 경매를 처음 시작하는 초보자에게도 큰 메리트를 줄 수 있는 물건이 될 수 있다.

금리인상도
경매에 도움을 준다

2018년 11월에 한국은행은 기준금리 인상 발표를 했다. 0.25% 포인트가 올랐으며 이는 대출금리 인상에 큰 타격을 줬다. 부동산 시장에는 대출을 받아 부동산을 매입한 사람들이 대부분이다. 적지 않은 금액을 매달 은행 이자로 내고 있다는 뜻이다. 금리가 오르면 대출이 있는 소유주의 금융비용이 상승하기 때문에 이자 상환에 대한 부담이 생기게 되고 이자 부담을 감당하지 못하면 경매 물건은 더욱 쏟아지게 되어 있다.

실제로 전국 법원 경매사건 접수 현황을 분석한 결과 2018년 1월부터 5월까지 총 4만 1,759건이 접수돼 2017년 같은 기간(3만 5,183건)대비 18.7% 증가한 것으로 나타나 있다. 단순히 금리 인상이라는 하나의 요소만 적용된 것은 아니겠지만 금리 인상은 대출자들에게 상당한 압박임이 틀림없다. 이뿐만 아니라 주택시장의 입주 물량 증가, 지역 경기 침체, 대출 강화 등으로 경매 신청된 물건이 계속 늘어나고 있다. 경매 투자를 하려는 투자자는 이렇게 좋은 기회를 놓치면 안 된다. 책을 보는 지금, 이 순간부터 바로 경매 투자를 시작해야 한다. 단, 좋은 물건을 볼 수 있는 시야를 키우고 부지런히 공부하면서 시작하길 바란다.

나의 첫 경매 투자
-소형 다세대 빌라-

"나에게는 수중에 그동안 모아 두었던 2,000만 원이 있었다. 경매를 공부하다 보니 이 금액으로도 충분히 경매투자를 시작해 볼 수 있겠다는 생각이 들었다. 가슴 한 켠에 경매에 대한 막연한 불안감이 있었으나 월 500만 원을 만들기 위한 프로젝트는 그때부터 시작이 되었다."

첫 경매투자로 받은
경기도 광주 다세대 빌라

나는 경기도 광주에 살고 있다. 우선 가장 가까운 지역에 있는 경매물건을 찾기 시작했다. 완전 초보 투자자이기 때문에 물건을 잘 볼 줄 몰랐지만 벌써 2번 유찰되었던 경기도 광주의 다세대 빌라가 눈에 들어왔다. 우선 2번이나 유찰되었으니 시세보다는 '무조건 저렴하겠구나'라고 단순하게 생각했다. 광주의 다세대 빌라로 첫 물건을 낙찰받아야겠다고 목표를 정한 뒤 나는 첫 부동산 임장 활동을 시작했다. 임장 활동은 어떤 일이나 문제가 일어난 현장에 가본다는 뜻으로 쉽게 말해 경매 물건의 현장을 눈으로 확인하는 활동이다. 나는 경매가 처음이기

나의 첫 경매 투자 물건

에 가입했던 인터넷 경매 카페 매니저의 도움을 받아야 했다. 먼저 인터넷으로 주변엔 어떤 시설이 있는지, 최근에는 거래가 어떻게 되는지를 확인하고, 예상했던 금액이 맞는 것 같아 현장으로 직접 찾아갔다.

현장 확인

건물은 겉으로 보기에 깔끔하고, 관리도 어느 정도 잘 되어있는 것처럼 보였다. 한눈에 보아도 거리만 괜찮으면 내가 직접 들어가 살아도 괜찮겠다는 생각이 들었다. 건물과 주변에 주차되어 있는 상태도

현장 사진

보니까 사람들이 꽤 많이 사는 지역 같았다. 일단 건물의 주변을 살피고 크게 문제 되는 점을 발견하지 못해서 부동산으로 향했다.

부동산 확인

부동산은 총 다섯 군데를 돌면서 주변 시세와 임대 수요를 확인했다. 시세는 경매 물건과 같은 지역 또는 가장 유사한 인근 지역에서 확인한다. 그리고 실제로 경매로 낙찰받을 집을 실거주한 뒤 다시 팔거나 또는 바로 임대를 놓을 생각으로 다른 부동산물건과 비교한다. 살 때부터 팔 것을 염두에 두고 부동산을 살펴보는 것을 추천한다. 물론 경매 투자자의 나이와 상황에 따라 정보를 얻을 방법이 다양하다. 주거용 경매 물건을 확인할 때는 신혼부부라고 하거나 회사 근처 숙소를 알아보고 있다고 부동산에 문의하면서 정보를 파악하는 것이 좋다. 부동산은 일부러 다섯 군데를 가본다. 이유는 부동산마다 가지고 있는 물건도 다르고 평가하는 기준도 다르기 때문이다. 어설프게 경매로 찾아왔다고 하면 부동산에서 기분 좋게 받아주는 경우는 별로 없다. 어쨌든 나는 다섯 군데 부동산의 얘기를 듣고 이번에 나온 경매 물건이 괜찮다는 확신이 들었고 2018년 5월 28일 처음으로 수원지방법원 성남지원에 가서 입찰했다.

법원 입찰

나는 입찰하기 전날 은행에서 입찰보증금을 한 장짜리 수표로 만들어 놓았다. 수표로 준비해서 입찰하면 상당히 간편하다. 그리고 법원은 주차가 힘들기 때문에 대중교통을 이용하거나 주변에 다른 주차장을 확인하여 법원에 늦게 도착하지 않도록 해야 한다. 지금까지 입찰 준비를 위해 공들인 시간과 비용을 생각하면 법원에 늦게 도착해서 입찰하지 못한다는 것은 정말 상상도 하기 싫은 일이다. 법원 입찰장에서는 실수하면 안 되기 때문에 항상 이른 시간에 출발한다. 그날 나는 오전 10시에 법원에 도착했다. 입찰서를 작성하고 11시 30분경에 개찰을 시작하여 12시쯤 내가 들어가는 물건 순서가 되었고 3명이 입찰하여 내가 최고가로 낙찰을 받았다. 얼떨떨하게 입찰 영수증을 받고 나오는데 대출 아줌마들이 달라붙어 대출 관련 명함을 줬다. 전화번호를 알려주니 낙찰받은 물건의 대출 한도를 여기저기에서 비교해서 보내줬다. 법원을 나서면서 내가 잘한 것인지 잘못한 건 아닌지 괜한 걱정이 밀려왔다. 이렇게 첫 법원 입찰은 얼떨결에 진행되었다. 초보인 내가 낙찰을 받을 수 있도록 임장과 입찰에 도움을 주신 매니저가 떠올랐다. 법원에서 나오자마자 매니저님께 전화를 걸어 낙찰 소식을 전하였고 축하를 받았다.

진땀 나는
경락잔금 대출

2018년 5월 첫 부동산 경매 물건을 낙찰받기 전이다. 나는 2017년도에 회사를 그만두고 3개월가량 일을 쉰 적이 있었다. 이때는 다른 소득이 없었기 때문에 신용카드를 주로 쓰고 며칠씩 카드 대금 납부가 늦어져서 신용등급이 많이 하락한 상태였다. 사회초년생이었고 그전까지는 은행에 대출을 받아본 적이 없었기 때문에 신용에 대해 크게 생각하지 않고 있었다.

짧은 기간의 연체였고, 그동안 신용에 대해 생각하지 않았던 게 큰 화를 불러왔다. 투자자는 신용을 관리하는 것이 필요하다. 보통 은행에서는 5등급 이상의 신용등급을 요구한다. 온라인에서 확인하는 것들과 은행에서 보는 신용등급은 다르니 꼭 은행에서 체크해보길 바란다. 첫 대출 심사 거절 후 나는 크게 낙심하였으나 다시 여러 군데 은행을 알아봤고 결국 새마을금고에서 낙찰가의 80% 대출을 받아 잔금을 치를 수 있었다. 신용에 대한 소중함을 깨닫게 된 시기였다.

처음이라
고생한 명도

낙찰받고 잔금을 치렀으니 명도를 시작했다. 내가 받았던 물건은 공담물건으로써 함께 나온 물건이 모두 잔금 납부까지 완료가 되어야 배당기일이 잡힌다. 명도 확인서를 임차인에게 줘서 배당을 받게 해 줄 수 있으나 현재 점유자는 배당기일에 돈을 받아서 나갈 수 있다고 했었다. 하지만 다른 물건들에서 미납사건이 발생하여 배당기일은 몇 달 뒤로 밀려날 수 있는 상황이었다. 그렇다고 몇 달 동안 이자만 내고 있을 수는 없었다. 법원에다 사정을 부풀려서 이야기하기도 하고, 점유자에게 양해를 구하기도 하였다. 다행히 점유자는 약간의 불안함을 가지고 있었지만, 명도 확인서를 받고 잘 협의가 되어 8월에 이사했다. 그렇게 명도를 마무리하였다. 그 당시 잘못되면 어쩌나 하는 마음을 가지고 밤잠을 못 이뤘던 것이 지금은 추억으로 남는다. 명도는 시간이 해결해주고, 안되면 경매의 큰 장점인 인도명령이라는 제도가 있기 때문에 지금은 걱정하지 않는다. 결국 이렇게 입찰에서부터 명도까지 경험할 수 있었다.

물건의 수익률을 보듯이 내 돈이 투자된 것보다 오히려 130만 원이 남는 상황이 되었다. 경매를 위해 초기에 필요한 자금은 1,870만 원 가량이었지만 2,000만 원 보증금을 받으면서 돈이 부족한 것이 아니라 오히려 돈이 남았고, 따라서 투자수익률은 무한대라고 할 수 있겠다.

결국 나는 첫 경매 투자에서 돈 하나 안들이고 월 20만 원씩 임대료를 받는 구조를 만든것이다. 이렇게 시작한 첫 투자는 나의 경매 투자자로서의 발판이 되었다.

나의 첫 경매 투자 물건 수익률 분석

경매 진행 단계	(1) 감정가	₩130,000,000
	(2) 낙찰가	₩78,000,000
	(3) 대출금	₩62,000,000
	(4) 내 돈(2-3)	₩16,000,000
	(5) 취득세	₩2,000,000
	(6) 이사비용	₩0
	(7) 수리비용	₩700,000
	(8) 총투자금(4+5+6+7)	₩18,700,000
임대 진행 단계	(9) 임대보증금	₩20,000,000
	(10) 회수금(9-8)	₩1,300,000
	(11) 월임대소득	₩400,000
	(12) 월이자비용	₩200,000
	(13) 월순수익(11-12)	₩200,000
투자수익률		무한

경매는 오히려
리스크가 적은 투자다

싸게 사니까
리스크가 줄어든다

모든 투자는 리스크가 따른다. 하지만 경매 투자의 경우 좋은 물건에만 들어간다면 그러한 리스크를 현저히 줄일 수 있다. 예를 들면 부동산 시장이 안 좋아서 재빠르게 매각할 때도 경매 투자가 훨씬 유리하다. 시세가 1억짜리인 부동산을 경매를 통해 7천만 원에 낙찰받았다고 가정해보자. 주변에 1억으로 투자 혹은 실거주를 하는 사람들은 1억에 팔려고 할 것이다. 하지만 경매로 시세보다 저렴하게 받은 낙찰자는

7천만 원~9천만 원 사이에 팔 수 있어서 매각하는 데도 유리하다.

임장 활동으로
투자 리스크를 사전에 확인해라

임장은 '경매의 꽃'이라고 불린다. 열심히 경매 정보지에서 찾은 물건을 현황상으로 확인하고 실제로 들어갈지 판단하는 작업이다. 임장을 통해 시세 조사를 혹여나 잘 못 한다면 수익률은 달라질 것이다. 정말 운 좋게도 조사한 시세가 좀 더 낮았다면 다행이지만 조사한 시세가 높았다면 그것은 시작부터 손해를 떠안고 가는 것이다. 따라서 임장은 리스크를 줄일 수 있는 중요한 활동으로서 한 가지 물건이라도 임장을 소홀히 하면 안 된다.

인도명령 제도를
활용해라

낙찰자는 문제를 해결하는 해결사 역할을 하기 때문에 법원에서

도와주는 제도다. 간혹 낙찰을 받았는데 점유자(대항력이 없는 점유자)가 해당 부동산의 인도를 거부하는 경우가 있다는 이야기 때문에 경매가 힘들고 고된 일이라고 생각하지만, 인도명령 제도를 활용하면 손쉽게 명도를 할 수 있다. 낙찰 후 6개월 이내에 '인도명령신청'을 하면 해당 기간 내에 처리할 수 있기 때문에 권리상에 문제가 없는 물건을 낙찰 받은 경우에는 해당 부동산을 기일내에 점유할 수 있다.

대항력이란?

세입자 또는 점유자가 자신의 보증금을 낙찰자로부터 돌려받을 때까지 해당 건물이나 주택에서 거주할 수 있는 권리를 말한다. 주택임대차보호법상 주민센터 등에서 전입신고를 해야 대항력이 발생하며 사업자의 경우 세무서에 신고해야 대항력이 발생한다.

이처럼 경매는 기본적으로 방어하고 들어갈 수 있다는 점과 임장을 통해 리스크를 줄일 방법을 찾아, 리스크를 최대한으로 줄일 수 있다. 나는 주식을 하지 못한다. 하루에 시시각각 변하는 돈들을 보고 있으면 마음이 온종일 불편하다. 그리고 너무나 다양한 변수들이 존재해서 그 반응에 대응하기가 쉽지 않아 보인다. 경매는 눈에 보이는 리스크를 확인하고 줄일 수 있기 때문에 나는 주식보다 경매를 선호하는 편이다. 내 눈으로 직접 확인해보고 경매 물건에 약간의 의심이 생긴다면 투자하지 않는다.

실패하지 않는
경매 투자의 5가지 원칙

나는 경매 투자를 할 때 투자금을 임대료로 2년 안에 회수할 수 있는 경매 물건만을 투자 대상으로 한다. 경매물건은 내가 선별할 수 있는 통제 가능한 범위의 대상이다. 그러나 국내 부동산 경기 흐름은 통제 불가능의 영역이다. 실제로 광주에 투자한 빌라 물건 같은 경우에는 송파-양평 고속도로가 진행될 예정이었지만 정책적인 사유로 인해 도로 사업이 지연 되었고 앞으로 언제 착공이 진행될지 전혀 예측할 수 없다. 이렇게 부동산 정책과 방향은 어떻게 바뀔지 모르기 때문에 부동산 투자금을 최대한 빨리 회수할 수 있는 투자기한을 정해야 한다.

첫 번째 원칙 :
무조건 싸게 사라

부동산 투자는 철저한 계획을 가지고 시작해야 한다. 적지 않은 돈을 투자해야 하는데 부동산 경기 흐름을 잘못 타게 된다면 그 돈은 묶이거나 전부 다 잃어버릴 수도 있다. 사람들은 분양권이나 아파트를 사두고 시간이 흘러 부동산의 가치가 오르기만을 기다리는 경우가 대부분이다. 물론 부동산 경기가 좋을 때는 운이 좋아서 오를 수도 있다. 하지만 부동산은 언제나 호황기일 수는 없다. 불황과 호황을 반복한다. 경기 흐름에 따라서 흘러가기도 하고 정부의 규제로 인해 가격 상승에 제동이 걸리는 경우도 있다.

따라서 분양권을 사거나 비싼 아파트를 대출 끼고 사서 가지고 있는 '종잣돈 죽이기'를 최대한 피하라고 강조하고 또 강조하고 싶다. 아파트를 사야 한다면 남들보다는 처음부터 조금 더 싸게 사는 것을 추천한다. 방법은 바로 경매다. 부동산 투자의 가장 큰 맹점은 바로 현금의 환금성이다. 부동산은 내가 팔고 싶을 때 팔 수 있는 게 아니다. 매수자가 집을 보러 왔다고 해도 마음에 들어서 바로 사는 경우는 많지 않다. 큰돈을 쓰기 때문에 고민과 고민을 거듭한 뒤에도 구매 결정을 내리지 않는 경우도 허다하다.

하지만 이미 경매로 싸게 산 부동산은 나중에 팔 때도 급매처럼 보이게 팔 수도 있다. 좋은 물건을 찾아서 경매로 3천만 원이라도 싸게 살 수 있다면 발품을 판 가치는 충분하다. 부동산 호황기에는 경매로 더 큰 수익률을 기대할 수도 있고, 불황기에 접어들어도 부동산 가격 하락을 방어할 수 있는 장치가 있는 것이다. 나는 경매를 통해 적게는 3~5천만 원을 싸게 낙찰받아 현재 매월 꼬박꼬박 월세를 받고 있다. 좋은 물건을 경매로 싸게 살 수 있다면 수익률 또한 높아질 수밖에 없다. 따라서 부동산 투자를 할 수 있는 적정한 금액이 생긴다면 경매로 최대한 저렴하게 물건을 사야 한다. 싸게 사서 처음부터 이기는 게임을 해야 한다.

두 번째 원칙 :
수요가 많은 곳에 투자하라

초보자들이 가장 실수하는 것이 바로 싸기만 하면 괜찮은 물건으로 착각하는 것이다. 좋은 물건들은 대부분 많은 경매투자자의 시선을 받고 있다. 유찰이 많이 된 물건들은 보통 수요가 없는 지역일 확률이 높다. 비인기지역에 위치한 물건일 가능성이 있고 물건지까지 들어가는 도로가 불편할 수 있다. 수요와 공급의 원칙에 따라 물건을 선택해야 한다. 수요가 없는 지역은 낙찰을 받아도 나중에 매매는 생각하지도 못하고 임대도 맞추기 힘든 경우가 생길 수 있다. 임대가 안 맞춰지면 은행에서 받은 경락잔금대출을 포함하여 매달 관리비까지 부담해야 하는 상황이 생길 수가 있다. 결국 이러한 지역에 낙찰받은 물건을 빨리 팔려고 내놓아도 사는 사람이 없어서 마치 경매 시장의 '사약'을 마시게 될 수 있다.

반대로 수요가 많은 곳을 생각해보자. 수요가 많은 곳은 임차인을 정할 수 있는 선택권이 주어진다. 예를 들어 임차 대기자들이 2명이 있는데 한 명은 반려견을 집안에서 키우고 싶어 하고, 한 명은 집에서 잠만 자서 집에 대한 손상이 전혀 없을 것으로 예상이 된다. 또한 월 임대료까지 늦지 않게 입금을 해줄 것 같다면 당신은 어떤 임차인을 맞추고 싶을까? 당연히 후자일 것이다. 하지만 수요가 없는 곳이라면 임차인에 대한 선택권이 없으며 어렵게 임차인을 맞췄지만, 임대료를 제때 받지 못하는 상황이 될 수 있다.

서울에는 수많은 경매물건이 있으며, 앞으로도 계속 나올 것이다. 따라서 가장 수요가 많은 서울에 투자하는 것을 추천한다. 그렇다고 서울 외 지역의 물건을 배제하라는 의미는 아니다. 서울 외 지역은 부동산 시장흐름의 영향을 더욱 받기 때문에 수요의 변화가 큰 곳이다.

이러한 경우에는 낙찰가를 정할 때 좀 더 보수적으로 접근하면 된다. 수익률 측면에서만 본다면 서울보다 경기도 및 외곽 지역의 수익률이 더 높은 경우도 많다.

세 번째 원칙 :
감정가가 시세보다 낮은 물건을 확인하라

경매사이트를 보는 사람들은 무척 많다. 그리고 경매사이트에 올라와 있는 물건들도 많다. 따라서 경매 물건 중에는 사람들이 놓치는 물건도 있기 마련이다. 신건이라고 해서 수익률이 무조건 안 좋은 것이 아니다. 실제로 평택의 수익형 부동산은 감정가보다 높게 입찰하여 낙찰을 받았다. 경매물건의 감정가는 감정평가사라는 사람이 가격을 산정하는 것이다. 사람이 하므로 가격이 언제나 정답일 수는 없다. 또한 2018년 8월(9 · 13대책이 나오기 전)에는 아파트의 가격이 치솟고 있었다. 작게는 몇천만 원에서 몇억까지도 오르는 중이어서 물건에 대한 감정평가 시점과 경매물건이 나올 때는 시세가 확연히 차이가 있었다. 이러한 점은 경매 투자자들에게 좋은 기회가 될 수 있다. 그래서 매일같이 경매사이트를 보는 것을 추천한다. 나는 특별한 일이 없으면 퇴근 후에 30분 이상씩 경매사이트를 본다. 그중 가장 유의 깊게 보는 것이 가격이다. 가격은 수익률에 가장 큰 영향을 주기 때문이다. 물건을 보는 기준이 없는 초보 투자자는 시세 대비 감정가가 낮은 물건들 위주로 찾아보길 바란다.

네 번째 원칙 :
처음에는 소액으로 할 수 있는 물건으로 시작하라

나는 부동산 경매를 처음 시작할 때 막연한 불안감을 가지고 있었다. 그리고 큰돈을 가지고 있지도 않았다. 부동산 경매를 처음 시작하려는 초보자의 입장도 나와 크게 다르지 않을 것이다. 그래서 나는 부동산 투자금액을 고려하여 규모가 가장 작은 물건부터 시작하였다. 소액 물건을 낙찰받았기 때문에 임장활동부터 낙찰 후 명도, 임차인 맞추기까지 수월하게 진행할 수 있었다. 적은 돈으로 부동산 경매에 대한 흐름을 맛보는 것이 중요하다. 부동산 경매는 사람과 사람 사이에서 이뤄지는 일이다. 따라서 책을 아무리 본다고 해도 실제로 경험을 하지 않으면 단순히 알고 있는 지식에서 그치게 된다. 그리고 책에 나온 저자의 투자가 여러분의 투자와 같은 사례도 아니기 때문에 반드시 몸으로 직접 경험하고 체득하길 바란다.

부동산 경매 투자를 하려는 사람은 현금 보유액부터 시작해서 사는 곳, 투자하는 시기 등 모든 것이 다르다. 하지만 부동산 경매를 통해 실제 경험을 한 번만 해본다면 책에서 이야기하는 백 가지 이야기보다 피부로 와닿는 것이 많을 것이다. 투자는 성공의 기쁨도 개인의 몫이고 쓰라린 실패도 개인의 몫이다. 누구의 이야기를 듣고 무작정 돈을 투자할 것인가? 그렇다면 소위 말하는 투기가 되는 것이다. 실패했다고 누구를 탓할 수도 없는 것이기 때문이다. 따라서 경매를 통해 경제적인 자유를 꿈꾸고 있다면 일단 소액으로 경매를 경험해보는 것을 추천한다.

다섯 번째 원칙 :
경락잔금대출은 매각할 때 갚아라

부동산투자를 통해 경락잔금대출을 받았다면 대출금이 쌓여있어 부담을 느낄 수가 있다. 지금까지 우리는 '대출은 안 좋은 것이다. 대출은 갚아야 한다.'라는 교육을 받고 살아왔다. 그러나 나는 동의하지 않는다. 최대한 대출을 활용해서 자산을 불려야 한다는 생각이다.

우선 부동산 경매를 통해 부동산을 매입하기 전부터 매각 계획을 세워야 한다. 은행에서는 경락잔금대출에 관련하여 대출상품이 따로 존재한다. 대부분은 이자만 내는 것이며, 중도금 상환금까지 없는 경우가 많다. 은행에서도 물건에 대한 평가를 한 후에 경락잔금 대출을 해주는 경우가 있다. 이처럼 은행에서도 물건에 대해 채권 회수가 원활한 경우에만 대출이 나오기 때문에 1년 뒤 대출에 대해 재계약을 할 때 큰 무리 없이 진행할 수 있다. 나는 양도세를 생각하여 1~2년 뒤에 매각하는 것을 생각하고 경매 물건에 접근한다. 대출이 있다는 것이 불편해서 부동산의 대출을 모두 갚아버린다면 마음은 편할 수 있으나 재투자할 수 있는 현금이 없기 때문에 힘들 것이다. 따라서 경락잔금대출은 우선 이자만 상환하고 나중에 매각할 때 갚는 것을 추천한다.

씁쓸한 패찰의 경험은
최고의 보약이다

경매는 투자로써 좋은 수단이다. 하지만 경매에서 입찰서를 작성해서 제출한다고 해서 무조건 낙찰을 받는 것은 아니다. 나는 이 책을 쓰는 동안 강남역 인근의 오피스텔(서초동 대우디오빌 – 사건번호 : 4384)을 실거주 목적으로 입찰에 들어갔다. 많은 사람이 알다시피 강남역 인근의 부동산은 인기가 많은 지역이어서 경기가 좋을 때는 더 많이 오르고, 안 좋을 때도 상대적으로 덜 떨어진다. 하지만 나는 현재 시장의 흐름을 중심으로 물건을 살펴본다. 따라서 내가 생각한 적정한 가격을 쓴다. 이번에도 그렇게 썼다. 시세만큼 입찰가를 정한다면 무슨 의미가 있을까? 라는 생각에서다.

소재지	서울특별시 서초구 서초동 1337-22, 서초동대우디오빌프라임 3층 310호	지도보기	도로명주소검색		
물건종별	오피스텔	사건접수	2018-05-18(신법적용)	입찰방법	기일입찰
전용면적	69.65㎡(21.1평)	소유자	김동우	감 정 가	560,000,000
대 지 권	10㎡(3평)	채 무 자	김동우	최 저 가	(80%) 448,000,000
매각물건	토지 건물 일괄매각	채 권 자	유디세륙차유통화전문 유한회사 외 1	보 증 금	(10%) 44,800,000

[입찰진행내역]

구분	입찰기일	최저매각가격	결과
1차	2018-12-27	560,000,000원	유찰
2차	2019-02-13	448,000,000원	

낙찰 : 562,000,500원 (100.36%)

(입찰12명)

매각결정기일 : 2019.02.20

나의 첫 패찰 물건

감정가는 5억6천만 원으로 잡혀있었고, 한번 유찰되어 4억4천8백만 원으로 잡혀 있었다. 권리 분석상의 문제는 없었다. 낙찰을 받은 뒤 대출이 안 나오거나 문제가 있어서 '소송까지 가야 하는 물건은 아니다'라는 확신이 생겼다. 그리고 같은 평수, 같은 층에 시세는 5억5천으로 잡혀 있었고, 관리사무실에 확인 결과 미납 관리비는 100만 원이 잡혀 있었다. 따라서 나는 입찰 등기비와 2년 동안 실거주를 할 목적이므로 2년의 이자 비용을 제외하였다. 5억5천을 기준으로 하면 5억 정도가 되지만 강남이라는 특수지역을 생각하여, 2년 뒤 매매가를 6억으로 설정하였다. 매년 3%의 성장률로 예상했다. 물론 타지역의 물건에서는 이렇게 성장할 수 있을 것이라고 판단하지 않는다. 그만큼 긍정적으로 평가하고 실거주 목적이기 때문에 고심 끝에 5억2천8십만 원으로 입찰가를 선정하였으나 보기 좋게 4천만 원 차이로 패찰하였다.

첫 패찰이었다.

패찰 또한 경험이다. 강남지역이 비싸다고 입찰을 하지 않고, 또한 괜찮은 물건이 나왔는데도 입찰에 안 들어간다면 그 지역에 대한 생생한 느낌은 경매 정보지에 나오는 입찰자 수와 낙찰가 수준밖에 모르고 금방 잊혀 버리게 된다. 하지만 나는 며칠 동안 준비를 하였고 시간을 내어 법원까지 방문하였다. 모든 입찰 경험은 잊히지 않고 다음 입찰에 좋은 결과를 얻는 데 도움을 주리라고 생각한다. 특히 이번 첫 패찰에서는 많은 교훈을 얻을 수 있는 최고의 자산의 되었다.

2장

두마리 토끼를 잡는 수익형 부동산 경매 노하우

수익형 부동산의 종류

서른 살이 되기 전 29살 연말에 잠들기 전에 문득 생각에 잠겼다. 만약에 내가 서른 살 초반에 결혼하고 애를 낳고 키운다면 직장 생활을 열심히 해야겠지? 직장에서 인정받고 소득을 올리기 위해서 아침 일찍 출근하고 저녁 늦게 퇴근할 것이다. 종일 회사에서 일하면서 모든 에너지를 하얗게 불태운 덕분에 집에서는 쓰러지기 일쑤라면 과연 의미 있는 삶일까. 돈을 버는 것도 좋지만 사랑하는 사람 옆에 있지 못하고 늘 밖에서 시간을 보낸다면 무슨 소용이 있을까. 나는 수익형 부동산 투자야말로 경제적 여유로움과 사랑하는 사람들과 함께 보낼 수 있는 시간을 만들어 주는 유일한 도구라고 생각했다.

투자의 계기와 원동력이 '부' 자체가 아니라 '사랑하는 가족을 위한 마음'에서 시작되었기 때문에 물질적인 성과가 속되게 여겨지지 않고 오히려 소중한 가치로 빛을 발한다 생각한다. 나는 실제로 수익형 상가 투자를 통해 가족들과 서로를 더 이해하고 사랑하게 되었고, 나의 삶에도 안정감과 편안함을 제공해주는 훌륭한 친구가 되었다.

부동산 경매를 하는 목적은 크게 '실거주'와 '투자'를 위한 것으로 나뉜다. 투자를 위한 부동산은 '수익형 부동산'과 '시세 차익형 부동산'으로 분류해 볼 수 있다. 부동산 투자에도 유행과 흐름이 있어서 시기에 따라 다른 유형의 부동산이 주목을 받는데, 일반적으로 부동산 대세 상승기에는 시세 차익형 부동산에, 위축기에는 수익형 부동산에 관심이 쏠리는 경향이 있다. 수익형 부동산은 요즘같이 정부의 부동산 규제 대책이 지속해서 발표가 되는 시점에 경매투자의 매력적인 투자처가 될 수 있다. 수익형 부동산은 크게 '주거용'과 '상업 업무용 그리고 숙박용' 수익 부동산으로 분류할 수 있다.

주거용 수익형 부동산

주거용 수익형 부동산은 아파트, 다세대주택, 오피스텔, 다가구 등 주거를 위해 만들어진 부동산을 임대하여 수익을 올리는 부동산을 말한다. 같은 주거용 물건이라도 임대 이익을 얻기 위한 것인지 시세 차익을 얻기 위한 것인지에 따라 접근 방법에 차이가 있다. 대형 평형보다는 소형 물건에 대한 월세 임차 수요가 더 많고 투자 수익률이 높으므로 임대 수익을 올리기에 적합한 주거용 부동산은 소형 아파트나 다세대주택, 주거용 오피스텔, 그리고 도시형생활주택이라고 할 수 있다.

특히 요즘과 같이 대가족에서 소가족으로, 1인 가구로 세대구성이 바뀌는 추세에서는 소액 투자로 임대 소득을 올릴 수 있다는 장점이 있기에 초보 경매투자자에게 추천한다. 임대 주거용 부동산은 입지가 몹시 나쁘지만 않다면 기본 수요가 있으므로 투자하기에 안전하고 무난하지만, 그로 인해 경쟁률이 높은 만큼 좋은 수익을 낼 수 있는 물건을 낙찰받으려면 남들보다 좀 더 큰 노력이 필요하다.

나는 꼭 낙찰을 받지 못하더라도 이러한 좋은 부동산을 찾아서 주변 시세 등의 조사를 철저히 해둬야 한다고 생각한다. 비슷한 조건의 물건이 공매나 신탁으로 진행되면 누구보다 한 박자 빠르게 가치를 알아보고 좋은 가격에 낙찰받을 수도 있다. 다양한 지역의 임장 경험을 통해 시세를 정확하게 파악하는 습관을 길러 놓으면 경매나 공매뿐 아니

2019년 부동산 취득세율

구분			총세액	취득세	농특세	지방교육세
매매	주택	6억이하 85㎡이하	1.1%	1.0%	비과세	0.1%
		6억이하 85㎡초과	1.3%	1.0%	0.2%	0.1%
		9억이하 85㎡이하	2.2%	2.0%	비과세	0.2%
		9억이하 85㎡초과	2.4%	2.0%	0.2%	0.2%
		9억초과 85㎡이하	3.3%	3.0%	비과세	0.3%
		9억초과 85㎡초과	3.5%	3.0%	0.2%	0.3%
	주택외건물(토지,건물,상가 등)		4.6%	4.0%	0.2%	0.4%
	농지	신규영농	3.4%	3.0%	0.2%	0.2%
		농업인(2년이상자경)	1.6%	1.5%	비과세	0.1%
	농지외토지		4.6%	4.0%	0.2%	0.4%
상속	2년이상자경		0.36%	0.3%		0.06%
	농지일반		2.56%	2.3%	0.2%	0.06%
	농지외토지		3.16%	2.8%	0.2%	0.2%
	1가구1주택		0.96%	0.8%		0.16%
증여	85㎡이하 주택		3.8%	3.5%		0.3%
	일반		4%	3.5%	0.2%	0.3%
원시취득(신축,소유권보전)	85㎡이하		2.96%	2.8%	비과세	0.16%
	85㎡초과		3.16%	2.8%	0.2%	0.2%

부동산 소유권 이전에 관한 증서의 기재금액별 인지세액: 1천만원 초과 ~ 3천만원 이하 : 2만원 3천만원 초과 ~ 5천만원 이하 : 4만원 5천만원 초과 ~ 1억원 이하 : 7만원 1억 원 초과 ~ 10억 원 이하 : 15만원 10억원 초과 ~ : 35만원	국민주택채권 구입금액: 지방세법 시행령 부동산시가표준액의 일정비율 주택 1.3~3.1% / 토지 0.8~4.2% http://nhf.molit.go.kr/(국토부 주택기금)

신고기한 : 취득일기준 30일 이내(2019년 1월 시행)

출처 : 국토교통부

라 급매로 나오는 좋은 물건을 저렴한 가격에 취득할 기회를 잡을 수 있다. 주거용 수익형 부동산 투자의 장점은 오피스텔을 제외하고는 취득세가 낮고, 다른 상업 업무용 수익형 부동산보다 임차인을 맞추거나 매매를 하는 데 쉬운 부분이 있다.

상업 업무용
수익형 부동산

나는 비교적 관리가 편리한 상업 업무용 수익형 부동산을 선호하는 편이다. 상업 업무용 수익형 부동산이라고 하면 주변에서 쉽게 접하는 '상가'를 가장 먼저 떠올리게 되는데, 이 밖에도 업무용 오피스텔, 아파트형 공장, 오피스 빌딩 등이 대표적이다. 상업 업무용 부동산의 특징은 시세 조사의 파악이 어렵고 상권분석에 대한 치밀한 조사가 필요하며 주거용보다 투자의 위험성이 조금 더 높다. 하지만 확실한 분석만 가능하다면 큰 수익을 기대할 수 있는 것도 사실이다.

업무용 부동산 중 '오피스텔'은 주거용으로 겸용할 수 있다는 장점 때문에 임대료가 조금 비싸고 교통이 좋은 곳에 위치하는 경우가 많다. 그리고 '아파트형 공장'은 흔히 생각하는 공장과는 조금 다른데, 일반적으로 산업단지 내에서 기업의 사무실로 사용되며, '지식산업센터'라고 불리기도 한다. 아파트형 공장은 오피스텔보다는 분양가나 임대료가 상대적으로 낮은 편이다. 상가와 같은 수익형 부동산은 월세 임대차 계약이 어느 정도 가격에 형성되어 있느냐에 따라 매매가에 직접적인 영향을 미친다.

가령 연 6%의 수익률에 맞춰서 매매가를 결정한다고 가정해 보자. 실제로 내가 임대를 주고 있는 평택에 있는 상가는 월 90만 원으로 임대 계약이 되어있다. 1년 동안의 임대 수익은 960만 원이다. 960만 원은 약 1억8천만 원의 6%에 해당하므로 이 상가의 매매가는 1억8천만 원이 된다. 1억5천만 원으로 낙찰을 받아 1억8천만 원의 상가가 된 것이다. 매매가 산정에 대한 다양한 방법이 있으나 초보자는 이러한 접근이 가장 편할 것이다. 또한 임대 계약의 보증금이 2천만 원이라고 하면 매매가는 2억 원이 되는 것이다. 따라서 임대 가격이 높은 상가를 잘 선택하여 투자한다면 현금흐름뿐 아니라 시세차익에서도 높은 수익을 올릴 수 있다.

그렇다면 높은 임대 가격을 기대할 수 있는 상업용 부동산은 어떻게 찾아야 할까? 최우선으로 살펴야 할 조건은 입지라고 할 수 있는데, 사람이 몰리고 영업이 잘되는 곳은 임대가가 높고 당연히 시세도 높게 형성된다. 그러나 그만큼 경쟁이 치열한 시장이기도 하다. 그래서 내가 선호하는 투자 대상은 아직 상권이 무르익지 않았지만, 어느 정도 시간이 지나면 발전할 가능성이 높은 곳이다. 특히 신도시 개발이 어느 정도 완료가 되는 곳은 임대 시세가 비싼 경우가 있다. 이러한 부분을 참고해서 상가를 취득한다면 남들과는 다른 수익을 맛볼 수 있는 것이다. 그러나 남들과 다른 안목을 가지기 위해서는 그만큼 더 열심히 공부하고 발품을 팔아야 한다. 상가에 대한 임장을 게을리하지 않고, 괜찮다 싶은 물건이라면 어떤 물건이라도 찾아가서 살펴봐야 하는 이유도 그 때문이다. 노력하면 노력할수록 보는 시야도 달라지고 시야가 넓다면 수익의 단위도 달라진다.

나의 첫
수익형 부동산 투자

경기도 광주에 있는 다세대 빌라 하나를 낙찰받고 나는 바로 은퇴의 꿈을 키웠다. 2018년은 부동산 규제가 점점 심해지고 있는 시기였다. 부동산 시장의 소강기라고 할 수 있었다. 그리고 수익형 부동산을 보는 눈이 전혀 없었다. 어쨌든 첫 경매 물건을 낙찰받고 임차인을 맞추고 나니 보증금이 다시 2,000만 원이 들어왔기 때문에 또 다른 경매 물건 투자를 준비할 수 있었다. 꾸준히 공부하고 스터디에 참석하면서 멘토인 카페의 매니저 등대지기님이 뽑아 놓은 물건을 보고 무작정 비슷한 물건을 찾기 위해 나름대로 노력을 했다. 그 결과 평택에 있는 서울우유 대리점 상가를 낙찰받고 재계약까지 하여 매월 꼬박꼬박 임대

료를 받고 있다. 수익형 부동산의 경우는 주택과 달리 특별히 신경 쓸

게 없다는 게 가장 큰 장점이다. 실제로 첫 계약 이후에 상가의 사장님

과 통화는 한 번도 한 적이 없고 통장에 임대료는 꼬박꼬박 계속 쌓이

나의 첫 수익형 투자 물건

2017타경10174(1) 수원지방법원 평택지원 4계(031-650-3171) 매각기일 2018.09.10(10:00)

소재지	경기도 평택시 서정동 878-3 외 1필지, 구분건물 1층 101호 지도보기 도로명주소검색					
물건종별	근린상가	사건접수	2017-12-08(신법적용)	입찰방법	기일입찰
전용면적	85.08㎡(25.7평)	소유자	유금옥	감정가	148,000,000
대지권	64.66㎡(19.6평)	채무자	유금옥 외 1	최저가	(100%) 148,000,000
매각물건	토지·건물 일괄매각	채권자	정봉섭 외 1	보증금	(10%) 14,800,000

[입찰진행내용]

구분	입찰기일	최저매각가격	결과
1차	2018-09-10	148,000,000원	

낙찰 : 155,000,000원 (104.73%)

(입찰2명)

매각결정기일 : 2018.09.17 - 매각허가결정

대금지급기한 : 2018.10.29

대금납부 2018.10.11

현장사진

고 있다.

첫 수익형 부동산인 물건은 평택시 서정동에 있다. 주거 단지에 있는 해당 부동산의 가장 큰 메리트는 현재 서울우유 대리점으로 사용하고 있는 임차인이 있는 물건이라는 점이다. 서울우유 대리점은 냉동탑차를 3대나 보유하고 있을 정도로 평택에서 꽤 많은 곳에 납품하는 것으로 확인됐다. 물건지는 주거 단지 내에 있는 것을 확인할 수 있었다. 낙찰만 받는다면 크게 속 썩이는 것 없이 잘 진행될 것이라는 확신이 들었다.

경매사이트에서 본 물건을 본 건 입찰일이 있기 4일 전이었다. 매일같이 물건을 본다고 해서 물건이 내 눈에 쏙 들어오는 것은 아니다. 사실 입찰을 할 당시에는 물건이 잘 보이지 않아 마치 까막눈이 된 것 같은 느낌이었다. 아무리 찾아봐도 좋은 투자 물건이 안 보이자 스터디 시간에 본 물건과 가장 비슷한 물건을 찾기 시작했다. 케이스 스터디에서 공부했던 물건과 가장 비슷한 물건을 평택에서 발견하고 나서 무작정 내려갔다. 내가 사는 광주에서 본 물건지까지는 차량으로 1시간 정도의 거리다. 차량으로 내려가는 내내 주변 부동산에 전화를 걸어 시세 조사를 하였다. 그 결과 부동산 물건이 생각보다 좋다는 판단을 내렸고 무엇보다도 신건이기 때문에 경쟁자들도 많지 않을 거라고 생각했다.

수익형 부동산은 임장활동이 주거용보다 조금 더 어려울 수 있다. 실제로 주거용보다 거래가 활발하지 않을뿐더러 상가는 상권분석까지 필요하기 때문이다. 이러한 점들 때문에 상가는 주거용보다 시세 파악하기 힘든 부분이 있다. 따라서 더 많은 부동산을 방문하는 것이 필요했다. 물건지 주변에 있는 부동산에 연락해서 시세 파악하는 데 주력했다. 정확한 시세를 파악하고 나서 입찰가를 선정해야 했다. 그리고 내가 원하는 수익률을 책정하였다. 입찰 당일까지 입찰가 선정에 대해 고민을 했다. 그리고 평택지원 법원에 가서 낙찰을 받았는데 나 말고도 다른 한 분이 더 입찰하였다. 500만원 가량 차이로 낙찰을 받았다. 심장이 쫄깃하고 온몸의 긴장이 그대로 풀리는 느낌을 받았다. 낙찰받은 당시의 두근거림은 아직도 잊을 수가 없다.

개찰할 때는 물건번호 순서로 하거나 입찰자가 많은 물건을 먼저 하는 경우가 있다. 나는 몇 번의 낙찰 경험과 패찰 경험이 있다. 하지만 지금도 법정에 들어서면 떨리는 건 어쩔 수가 없다. 가끔은 심장 소리마저 들릴 정도다. 하지만 그동안 준비했던 임장의 시간을 헛되이 날리지 않길 바란다. 한순간의 실수가 투자했던 모든 시간, 어쩌면 보증금을 날리는 금전적 손실도 가져올 수 있기 때문이다. 이를 딛고 경매를 지속해서 하는 것은 힘들 것이다. 첫 스타트가 매우 중요하다.

명도진행과정

낙찰을 받고 잔금을 치르기 전에 검색하여 업체의 전화번호를 알수 있었다. 전화하니까 대리점 사장님이 전화를 받으셨다.

"안녕하세요. 서정동 물건에 낙찰을 받은 사람입니다. 잠시 통화
가능하신가요?"

"네 말씀하세요."

"상가 임차인 되시나요? 이 상가는 이제 제 소유라서 이사 일정
조율 때문에 전화를 드렸습니다."

"벌써 잔금을 치르셨나요?"

"아뇨, 사장님과 협의하에 일정을 맞춰 대출을 받고 잔금을 받을
계획입니다."

"잔금도 안 치르고 협의를 하는 건 문제가 있다고 생각이 듭니다.
잔금 치르고 연락하세요."

"그러면 잔금 치르는 시점에는 상가를 비워주셔야 합니다. 앞으
로 한 달 정도만 시간을 드릴 수 있습니다."

"저도 갑자기 전화를 받아서 생각할 시간이 없었습니다. 3일만
생각할 시간을 주세요."

더이상 긴 통화는 할 수 없었지만, 첫 대화를 시작한 점에 만족하였

다.

3일 뒤에 전화가 임차인에게 왔다. 웬만하면 재계약을 하고 싶은데 얼마로 계약을 원하느냐고 물었고, 임차인도 안에 있는 냉장고를 다른 데에 이동시키기 불편하고 비용도 만만치 않아서 곧바로 계약할 수 있었다.

이처럼 상가 내부의 사정을 알고 있으면 명도나 재계약에 유리하다. 현 임차인은 보증금을 돌려받지도 못하고 배당에도 참여하지 못하는 상황이었다. 하지만 이사를 해야 하는 상황에 그보다 더 큰 비용이 든다는 점을 파악한 덕분에 재계약을 수월하게 이끌어 갈 수 있었다.

나의 첫 수익형 투자 물건 수익률 분석		
경매 진행 단계	(1) 감정가	₩148,000,000
	(2) 낙찰가	₩155,000,000
	(3) 대출금	₩138,000,000
	(4) 내 돈(2-3)	₩17,000,000
	(5) 취득세	₩9,000,000
	(6) 이사비용	₩0
	(7) 수리비용	₩0
	(8) 총투자금(4+5+6+7)	₩26,000,000
임대 진행 단계	(9) 임대보증금	₩10,000,000
	(10) 회수금(9-8)	−₩16,000,000
	(11) 월임대소득	₩800,000
	(12) 월이자비용	₩400,000
	(13) 월순수익(11-12)	₩400,000
투자수익률		30%

상업 업무용
부동산의 **특징**

주거용 부동산에 비해
관리가 필요없다

상업 업무용 부동산은 세입자가 인테리어나 보수를 직접 한다. 하지만 주거용 부동산은 보일러부터 시작해서 새시 등 수리를 보통 집주인이 한다. 물론 간단히 교체할 수 있는 것이면 비용이 안 들기 때문에 크게 문제가 되지 않는다. 그러나 화장실 외벽이 무너지거나 결로가 생기고 보일러가 고장 나는 경우에는 수리 비용이 백만 원 단위로 올라가기 때문에 여간 골치 아픈 것이 아니다. 따라서 상업 업무용에서 나오는 월세는 황금알을 낳는 거위 알이다. 아무것도 하지 않았는데 매월 꼬박꼬박 임대료가 들어오기 때문이다.

대출이
잘 나온다

요즘같이 주거용 부동산에 대출 규제가 심한 경우에는 더욱 상업용 부동산에 적극적으로 투자해야 한다. 부동산 투자를 위해 레버리지를 적극적으로 활용하는 것은 필수다. 상업용 부동산은 주택 수에 포함되지도 않을뿐더러 대출 규제에서도 벗어나 있어 대출받기가 수월하다. 은행에서도 평가하기를 주거용보다 상업용 부동산의 채권 회수가 쉽다고 생각을 하므로 대출에 적극적이다. 은행도 지속적인 금융 이자 수익이 발생하는 것을 좋아한다. 대출을 해주고 이자로 수익을 올리는 시스템을 가지고 있기 때문에 안정적인 자산이라면 대출도 쉽게 해주는 것이다. 평택에 있는 상가는 낙찰가의 90% 가까이 대출받았다. 현금으로 실제 투자한 금액은 1,600만 원가량이고 연수익률 30%의 임대료를 받는 중이다. 차후에 재계약 시점에는 주변 시세에 맞춰서 임대료를 조금 더 올려 받는다면 수익률은 더욱 오를 것이다.

상업 업무용 부동산의
상권분석 방법

손품부터
시작하라

　요즘은 부동산 관련 정보를 얻을 수 있는 다양한 인터넷 서비스들이 존재한다. 이러한 내용을 파악해보면 초보자들도 좀 더 정확한 정보를 바탕으로 현명한 판단을 할 수 있다.

뉴스 신문	■ 네이버 경제M ■ 다음 머니 ■ 매일경제 ■ 한국경제 ■ 조선일보 경제 ■ 머니투데이
시장동향 경제전망	■ KDI 한국개발연구원 ■ 대외경제정책연구원 ■ KIF 한국금융연구원 ■ 산업연구원 ■ LG경제연구원 ■ 현대경제연구원 ■ 하나금융경영연구소
부동산 필수정보	■ 국토교통부 – 국토부 실거래가 조회 ■ 대법원 인터넷 등기소 – 등기부등본 열람 ■ 온나라 부동산정보종합포털 ■ 국세청 – 부가세 신고 ■ 공공주택 – 공공주택 위치 선정 ■ 온비드 – 공매물건 검색

부동산 통계수치	■ KB부동산 통계정보 – KB부동산 시세 ■ 국가통계포털 – 상권분석 ■ 국토교통부 통계누리 – 상권분석 ■ 한국감정원 – 부동산 가격 동향 ■ 한국감정원 부동산통계정보 – 부동산 가격 동향 ■ 온나라부동산정보 3.0 통합포털 – 부동산 실거래 가 조회 ■ 소상공인 상권정보시스템
시세 매물정보	■ 국토교통부 실거래가 공개시스템 – 국토부 실거래 가 조회 ■ 네이버 부동산 – 매물조회 ■ 다음 부동산 – 매물조회 ■ 부동산 114 – 매물조회 ■ 호갱노노 – 아파트 및 오피스 분양가 및 실거래가 조회 ■ 직방 – 매물조회 ■ 국민은행 KB부동산 리브온 – KB매물 및 시세 ■ 밸류맵: 실거래가 및 시세 조회

경매 정보	■ 대법원 사이트 – 경매정보 ■ 네이버 경매 – 월3회 유료정보확인 ■ 스피드옥션 ■ 태인 ■ 지지옥션 ■ 굿옥션 ■ 대법원 전자소송 : 경매 관련 법원서류 제출
임대료 공실정보	■ 메이트 플러스 ■ 컬리어스 ■ 젠스타 ■ 신영에셋 ■ 서브원
커뮤니티	■ 재경사(재테크로 경매를 하는 사람들)

주로 점심시간에
임장을 가라

나는 임장을 할 때 배고픈 점심시간을 주로 활용한다. 가장 좋은 정보가 부동산에만 있다고 생각하는 것은 착각이다. 상권을 분석하기 위해서는 주변에 대부분 상황을 파악하고 다양한 각도에서 바라봐야 하기 때문이다. 한 상가건물에는 다양한 업체들이 들어와 있는 걸 확인할 수 있다. 그중에 음식을 먹을 수 있는 곳은 쉽게 찾을 수 있다. 그래서 그 식당에 방문하는 사람들은 몇 명인지, 나이대는 어떻게 되는지 사장님께 양해를 구하고 궁금한 것을 물어볼 수 있기 때문이다. 점심 피크타임은 피해 방문하고 필요한 정보를 찾아보는 것을 추천한다.

관리사무실에는
좋은 정보가 가득하다

상가를 조사할때 관리사무실 방문은 필수이다. 바로 미납관리비 때문이다. 관리비는 평당 적게는 1,000원부터 많게는 10,000원이 넘어가는 경우가 있다. 경매로 나온 물건이기 때문에 관리비가 체납되는 경우도 허다하다. 관리비뿐만 아니라 관리사무실은 임장하고자 하는 상가를 관리하는 곳이다. 따라서 운이 좋다면 경매가 왜 나왔는지 어떤 사람들이 다녀갔는지 확인도 할 수 있다. 관리사무실은 꼭 방문해야 한다.

건물의 관리 상태를 체크하라

수익형 부동산은 주거용보다 높은 임대료를 받을 수 있다는 점과 임차인을 신경 쓰지 않아도 된다는 장점이 있다. 건물의 관리상태는 수익률에 영향을 미친다. 손이 많이 가는 물건과 투자는 피하는 것이 좋다. 따라서 수익형 부동산을 투자할 때는 건물 지하부터 옥상까지 문제가 없는지 체크해 봐야 한다. 건물 외벽과 지하누수 흔적은 없는지, 옥상에는 방수 처리가 잘 되어있는지 확인해야 한다. 또한 분리수거는 어떻게 되고 있는지 청소가 잘 되고 있는지는 건물 관리에 대한 현장을 눈으로 직접 확인한다.

어떤 수익형 부동산을
선택해야 하는가?

노점상이 많은 지역을
선택해라

노점상은 생존본능에 의해 움직이는 특징이 있다. 소위 노른자 땅
이라고 불리는 위치를 살펴보면 유동인구가 풍부하며 사람들의 접근성
이 좋아 많은 매출이 발생하는 자리다. 노점상을 하는 사람들은 생존
본능에 의해 이러한 명당자리를 정확히 꿰뚫고 있다. 노점상이 많이 모
인 곳 위주로 점포를 물색하면 좋은 상가를 찾기 위한 시간을 절약할
수 있다. 예컨대 명동, 홍대, 인사동, 대학로 상권 등이 대표적이다.

'가시성'과 '접근성'이 뛰어나야 좋은 상가다

아파트는 동일한 입지 내의 유사한 면적이라면 가격의 차이가 크게 벌어지지 않는다. 하지만 상가의 경우는 전혀 다르다. 동일 건물이라도 금융기관, 학원, 병원 등 특수목적 업종을 제외하고는 사람들은 지하층으로 내려가거나 2층 이상으로 올라가는 것을 선호하지 않는다. 특히, 지하층으로 가게 된다면 입찰가 선정에 있어서 다시 한번 확인을 해봐야 한다.

빈 점포나 공실 있는 상가는 피하는 게 상책이다

공실이 있는 상가는 장사가 잘 안될뿐더러 자산가치가 떨어진다. 1층의 경우는 대체로 공실이 잘 나지 않으므로 공실 여부는 1층만 살펴볼 것이 아니라 2층 이상의 점포도 함께 살펴봐야 한다. 예컨대, 기존 상가의 경우 전체 점포 수 대비 20~30% 이상의 공실률을 기록한다면 일단 해당 상가투자는 피하는 게 상책이다. 참고로 괜찮은 가격의 상가를 발견했다면 로드뷰로 입점한 상가들을 확인해보고, 주변에 주차

되어 있는 상태도 확인해보면 좋다.

대출이 안 나오는 상가는
쳐다보지도 마라

물건들을 보다 보면 왜 이렇게 유찰이 많이 되었지? 라는 생각이 드는 것들이 있을 것이다. 그중 대부분은 대출이 안 나오는 물건들이다. 예를 들면 오픈 상가이다. 오픈 상가는 점포 간에 구분이 없는 경우가 대부분이다. 이러한 경우에는 은행에서 대출을 피하는 편이다. 대출이 안 나오는 물건은 수익률도 당연히 안 좋을 수밖에 없다.

가꾸고 다듬고
만들어라

겉으로 보이는 부분만 믿지 말고 주변의 상권들을 확인해보면 좋다. 나만의 인테리어를 시작해보는 것이다. 예를 들어 입지가 좋은 상가이면서 가격도 저렴한 물건이 나왔다면 주변 상황에 따라서 어떤 상가가 들어오면 좋을지 생각해보고 그에 따라서 머릿속으로 인테리어를 해보는 것이다. 경매로 나온 상가는 관리가 안 된 상태인 경우가 대부분이다.

다음 사진은 문이 셔터로 되어 있는 어두컴컴한 느낌의 작은 상가다. 셔터를 통유리로 바꾸고 간판을 달면 작은 카페가 들어올 수 있다. 문 하나만 바꿔 달아도 임대 걱정은 사라지게 된다. 임장 결과 옆의 공업사는 곧 자리를 옮길 예정이라는 이야기를 전해 들었기에 충분히 깔끔하게 만들어 임대할 수 있는 물건이라고 생각한다.

3장

경매 투자
어떻게
해야
하는가

경매의 흐름 이해하기

잘 아는 지역에서부터 시작해라

경매의 기본 흐름을 익히는 것은 경매를 진행하는 데 있어서 상당히 중요하다. 특히 배당순서와 물건이 어떻게 해서 경매로 나왔는지 원인을 알게 되면 경매의 성공률을 높이는데 훨씬 도움이 된다. 초보자라면 자신이 잘 아는 지역에 투자하는 것을 권한다. 잘 아는 지역에 잘 아는 부동산 매물이 경매로 나오게 된다는 정보를 사전에 알 수 있다면 남들보다 발 빠르게 움직일 수 있다. 또한, 낙찰을 받고 잔금은

언제 치러야 하는지 스케줄을 알게 되면 명도 진행에 있어 큰 도움이
된다. 명도가 진행이 잘 안되는 상태라면 경락잔금 대출받은 이자만
매달 빠져나가는 손실이 생기게 된다. 기간이 늘어날수록 심적 부담은
커질 수밖에 없다. 첫 경매를 한다면 가장 가까운 지역에 잘 아는 물건
위주로 시작해라.

여기서 잠깐 🔦 **임의경매와 강제경매에 대해서 알려주세요.**

법원경매는 채무자가 약속한 날까지 대금을 상환하지 못하였을 때, 채권자가 법
원을 통해 경쟁매매 방식으로 채무자가 소유한 부동산을 강제로 매각하여 그
대금으로 채무를 변제하는 제도이다.

부동산경매 절차는 임의경매와 강제경매가 있는데 부동산의 압류 여부만 다르
고 부동산경매 진행 절차에는 차이가 없다. 따라서 부동산경매 절차는 경매신청
서가 접수되면 법원은 경매개시 여부를 결정한 후 부동산을 매각하기 위한 조
치를 실시하고 경매에 참여하려는 사람은 경매정보를 토대로 관심 물건을 결정
한 후 그에 대한 권리분석 및 현장 조사를 실시하여 입찰에 참여할 물건의 가액
을 내정하고 최종적으로 입찰 여부를 결정한다.

임의경매

임의경매는 일반적으로 담보권의 실행을 위한 경매를 말한다. 채무자가 채무를 임의로 이행하지 않는 경우에 저당권 등의 담보권을 가진 채권자가 담보권을 행사하여 담보의 목적물을 매각한 다음 그 매각 대금에서 다른 채권자보다 먼저 채권을 회수할 수 있다.

구분	임의경매	강제경매
경매신청자	전세권 질권 유치권 저당권 등의 담보권자	일반채권자
신청절차	즉시가능	채무자의 부동산에 압류 후 경매처리
신청시 구비서류	담보권을 증명하는 등기부등본	채무명의 송달증명
경매취하가능시기	대금 납부전까지 가능	낙찰 후 매수인의 동의 채무부존재 확인 소송
경매에 대한 이의신청	담보권 부존재를 소명하면 가능	경매절차상 사유로만 신청 가능
낙찰 불허가 되는 경우	경매절차상의 하자를 사유로 신청가능 채무자가 경락자인 경우 필요한 서류 미제출시	채무자 또는 소유자가 경락자인 경우

강제경매는 채무자 소유의 부동산을 압류한 다음 매각하여 그 매각대금을 가지고 채권자가 금전채권의 만족을 얻을 수 있도록 하는 절차이다. 채권자가 채무자를 상대로 승소 판결을 받았는데도 채무자가 빚을 갚지 않는 경우가 있다. 이 경우 채권자가 채무자의 부동산을 압류하고 매각하여 그 매각대금으로 빚을 받아내는 절차가 강제경매이다.

강제경매가 임의경매와 다른 점은 저당권과 근저당권이 설정되어 있지 않아 가압류와 본안소송을 한다는 것이다. 채권자가 채무자에게 저당권과 근저당권을 설정하지 않고 돈을 빌려줬고, 채권자가 채무자 소유의 부동산에 가압류를 먼저 하고 본안소송을 통해 승소판결문을 바탕으로 법원에 경매를 신청하는 것이다.

부동산 경매 흐름 먼저 이해해라

　채권자는 돈을 빌려주고 받아야 하는 사람을 말한다. 채무자는 돈을 빌려서 갚아야 하는 사람을 말한다. 돈을 빌린 채무자는 상환 의무

" 만약 채무자가 "
약속한 기한 내에 빚을 갚지 않으면?

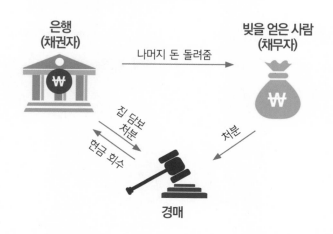

가 있다. 채무자가 원금과 이자를 제대로 갚지 못하게 되면 돈을 받아야 하는 채권자가 판결 등으로 확정된 금전채권을 받기 위한 강제경매 절차를 진행하게 된다. 우선 채무자의 부동산을 압류한 후 그 부동산을 경매하여 그 매각대금으로 채권자 먼저 변제하는 3단계로 진행된다. 초보자가 경매할 때 경매에 관한 모든 내용을 숙지할 필요는 없다. 중요한 내용은 법원에서 처리하므로 법률적 해석을 하기보다는 단순히 투자자의 마음으로 시작한다면 경매가 그리 어렵게 느껴지지 않을 것이다. 따라서 기본적인 내용만 살펴보고 '이런 흐름이 있구나' 정도로만 익히고 넘어가는 것을 추천한다.

부동산 경매 흐름

- **경매신청:** 판결정본 등 집행권원으로 강제집행의 개시요건을 구비한 채권자가 서면으로 목적 부동산에 대하여 경매를 신청한다.
- **경매개시결정:** 법원은 위 신청에 따라 목적 부동산에 대하여 경매개시결정을 한다.
- **경매개시결정등기:** 법원이 직접 경매개시결정등기를 하여 등기부 등본에 기록되어 공개되고 있다.
- **송달:** 개시결정정본을 당사자에게 송달하고 이때 이해관계인은 경매개시결정에 대해 이의를 할 수 있다.
  법원은 배당요구종기를 정하여 공고한다.
- **채권 신고 최고단계:** 채권자 및 공공기관에 대하여 채권자를 신고하도록 최고한다.
- 법원 집행관이 현황조사를 하여 임대차 관계, 점유 관계, 유치권 등을 조사한다.
- 최고매각가격 결정을 위해 감정인이 감정평가를 진행한다.
- 매각장소(경매법정), 배당요구종기, 매각기일, 매각결정기일, 매각조건을 공고하여 경매정보를 제공한다.
- 매각물건명세서, 현황조사보고서, 평가서를 입찰 개시 2주 전까지 법원에 비치함으로써 경매 준비를 마친다.

일자별 경매 절차

배당요구의 종기결정 및 공고

경매개시결정압류의 효력이 생긴 때부터 1주일 이내에 배당요구종기일을 경매 첫 매각기일 이전의 날로 정하여야 하며, 이는 경매부동산의 이해관계인에게 종기일까지 채무자에게 받을 돈을 신고하는 기간을 주고 있다. 물론, 이때 배당요구를 하지 않으면 배당을 받지 못하는 채권자의 경우 꼭 신청하여야만 권리를 행사할 수 있다.

매각 준비

집행법원은 부동산의 현황, 점유 관계, 차임 또는 보증금의 액수, 기타 현황에 관하여 조사를 명하고 감정평가사에게 해당 부동산을 평가하게 하여 최저매각가격을 정하고 있다.

매각기일 및 매각결정기일의 지정

매각이 되면 매각결정을 해야 하는데 보통 매각 후 7일 이후로 매각결정기일을 정하며 보통 매각기일 1주일 전에 해당 법원이나 대법원 경매사이트에 들어가면 해당 자료를 볼 수 있도록 공개한다.

매각

매각공고일은 법원에 가서 경매에 입찰 참여하는 기일을 말하며, 대법원에서는 기일입찰제와 기간입찰제를 병행한다. 보통 경매는 기일 입찰을 하므로 해당일에 법원에 꼭 참석해야 하며, 경매에 필요한 준비물을 지참하여야 한다.

입찰보증금(수표), 도장, 신분증이 필요하며, 대리입찰의 경우에는 위

임장, 인감증명서, 위임장에 날인한 인감도장, 입찰자 신분증과 도장이 필요하다. 인감증명서는 3개월 이내에 발급된 것으로 지참하여야 하며 3개월 이전의 인감증명서는 인정하지 않아 매각결정 취소가 되는 경우가 있으니 유의해야 한다.

여기서 잠깐 **법원 입찰 당일 준비물**

1) 입찰보증금(최저매각가격의 10%, 수표가 편함)

2) 도장(막도장도 가능)

3) 신분증(운전면허증이나 주민등록증)

매각허가/불허가 결정

법원은 최고가 매수인(낙찰자)이 결정되면 1주일 안에 이해관계인의 의견을 들은 후 매각허가 여부를 결정해야 한다. 최고가매수신고인 자격이 없는 경우와 농지취득자격 증명서 등을 제출하지 못하는 경우에는 불허가 결정이 나며 이때에는 신 매각일을 공고하며 경매가격은 저감 없이 진행된다.

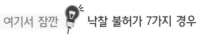

1) 채무자가 낙찰받은 경우(임의경매 및 강제경매 동일)

2) 소유자가 낙찰받은 경우(강제경매의 경우)

3) 재입찰일 때 전 낙찰자가 다시 낙찰받은 경우

4) 경매개시결정을 하면서 그 결정을 채무자에게 송달하지 않은 경우

5) 입찰 후 천재지변이나 기타 낙찰자가 책임질 수 없는 사유로 부동산이 훼손

　되거나 권리가 변동되어 최고가 입찰자의 낙찰 불허가신청이 있는 경우

6) 이해관계인의 정당한 항고가 받아들여진 경우

7) 법원의 착오로 입찰물건명세서가 잘못되었거나 입찰 절차가 적법하게 진행

　되지 않은 경우

매각대금납부

매각허가결정이 확정되고 보통 1개월 정도 대금납부기한이 정해지고 있으며, 언제든지 해당 법원 경매계에 가서 매각결정대금납부서류를 받아 법원에 잔금 납부 후 영수증을 다시 경매계에 주면 소유권이전 등기를 위한 서류를 준다. 이때 법무사를 통해서 진행한다면 번거롭게 법원과 은행을 여러 번 갈 필요가 없다. 수수료도 싸니 법무사를 이

용하는 것을 추천한다. 법무사는 여러 법무사 사무소의 견적을 받아서 선택하는 것을 추천한다. 법무사 견적서를 보면 등록세, 교육세, 수입 증지는 정해진 금액이기 때문에 동일하다. 그러나 교통비나 등록대행 비, 송달료와 수수료, 국민주택채권 할인 비용들에서 차이가 있을 수 있으니 비교 후 진행하는 것이 좋다.

소유권이전등기의 촉탁

경락대금 완납을 하게 되면 집행법원은 매수인에게 필요한 서류(등록세 영수 확인필통지서, 국민 채권매입 필증 등) 제출을 요구하고 제출이 되면 법원 등기소에서 소유권이전등기를 법원 촉탁 등기하게 되어있으며 이때 경매 절차는 종료된다. 이러한 경우에는 법무사에서 모든 내용을 처리해준다.

배당

대금이 완납되면 법원은 채권자들에게 정해진 순위대로 배당절차를 진행한다.

인도명령

토지의 경우에는 명도 불이행으로 파생되는 문제가 거의 없으나 주택의 경우 채무자나 소유자 등이 연락이 되지 않거나 이사비용을 과다요구하는 경우가 종종 있다. 감당하기 어려운 비용요구나 연락이 되지 않을 경우에는 6개월 이내에 인도명령 신청을 해야 하고, 이 기간이 지나면 명도소송을 해야 하므로 명도기간이 길어질 수 있다.

경매물건을
확인하는 방법

경매물건 검색은 포털사이트 네이버부동산 경매로 경험해보는 것을 추천한다. 네이버에서는 유료정보를 월 3개까지 확인할 수 있도록 하였다. 거의 모든 경매정보 사이트는 유료화로 되어 있어서 무료 사이트를 통해서 물건을 살펴본 뒤 유료사이트를 통해 확인하는 것을 추천한다.

네이버 부동산 경매

1) 부동산에도 여러 종류가 있다. 내가 원하는 경매종류와 지역을 선택한다.

2) 또는 사건번호를 알고 있다면 바로 사건번호를 넣어 경매물건을 확인할 수 있다.

3) 물건 상세조회를 들어가면 다양한 경매물건 종류를 선택할 수 있다.

4) 가격과 원하는 매각기일 등 상황에 맞게 검색조건을 넣어 물건을 분류시킨다.

5) 예를 들어 서울에 있는 오피스텔을 찾았다면 위의 이미지와 같은 모습으로 리스트가 나온다. 사건번호, 물건 종류, 물건의 지번과 면적, 그리고 가격이 나온다.

6) 매각기일도 함께 나오니 참고해야 하며, 경쟁률을 확인하기 위해서 조회 수를 본다. 조회 수가 높은 것일수록 경쟁률이 높을 수 있다.

경매물건 조회결과 (총 23건)   ◎ 소재지순 ▾ ◎ 감정가순 ▾ ◎ 최저입찰가 ▾ ◎ 유찰횟수 ▾ ◎ 매각기일 ▾ ◎ 조회수 ▾

[전체선택] [선택해제] [선택일괄보기] [인쇄하기]

	물건종류	소재지	감정가(원) 최저입찰가K(원)		매각기일 (시간)	조회수
☐ 17-10449	오피스텔	서울특별시 영등포구 당산동5가 9-2, 당산삼 성쉐르빌 5층 523호 ☑ 건물 23.11㎡ · 토지 6.56㎡	205,000,000 53,739,000	유찰6회 26%	2019.02.19 10:00	16,630
☐ 17-103150	오피스텔	서울특별시 영등포구 양평동2가 1-1, 신동아 하이팰리스 5층 104-508호 ☑ 건물 71.47㎡ · 토지 19.11㎡	320,000,000 320,000,000	신건 100%	2019.02.19 10:00	530
☐ 18-2574	오피스텔	서울특별시 은평구 대조동 59-65, 금강블루 4 층 401호 ☑ 건물 82.15㎡ · 토지 22.80㎡	313,000,000 250,400,000	유찰1회 80%	2019.02.19 10:00	1,270
☐ 18-104150	오피스텔	서울특별시 양천구 목동 908-29, 하이베라스 4층 412호 ☑ 건물 35.39㎡ · 토지 6.1㎡	165,000,000 165,000,000	신건 100%	2019.02.19 10:00	459
☐ 18-791	오피스텔	서울특별시 양천구 목동 961 외1필지, 목동현 대하이페리온2 206동 13층 1306호 ☑ 건물 94.387㎡ · 토지 17.899㎡	780,000,000 319,488,000	유찰4회 41%	2019.02.27 10:00	9,961
☐ 18-2639	오피스텔	서울특별시 동대문구 용두동 138-41, 두산베 어스타워 7층 702호 ☑ 건물 23.79㎡ · 토지 3.29㎡	90,000,000 90,000,000	신건 100%	2019.03.04 10:00	132
☐ 18-4529	오피스텔	서울특별시 도봉구 도봉동 629-6, 한빛법조 타워 지1층 비104호외4개호 ☑ 건물 221.261㎡	1,571,000,000 1,571,000,000	신건 100%	2019.03.04 10:00	66
☐ 18-8498	오피스텔	서울특별시 양천구 신정동 1290-4, 신정동대 우미래사항5차 11층 1208호 ☑ 건물 37.55㎡ · 토지 5.84㎡	165,000,000 165,000,000	신건 100%	2019.03.05 10:00	26
☐ 18-103713	오피스텔	서울특별시 강서구 마곡동 795-2 외1필지, 마 곡아이파크 7층 비-702호 ☑ 건물	222,000,000 177,600,000	유찰1회 80%	2019.03.05 10:00	2,166

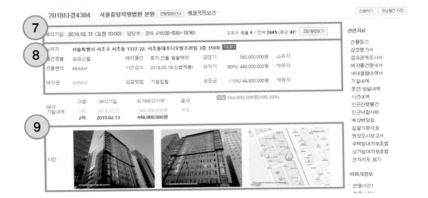

7) 매각기일과 담당계를 확인할 수 있다. 매각기일은 대부분 오전 10시에 하니 법원에 10시 이전에 가는 것을 추천한다. 또한 경매물건에 궁금한 게 있으면 경매계에 전화를 걸어 궁금한 내용을 확인할 수 있다.

8) 물건에 대한 기본정보들이 나온다.

9) 이미 감정평가사가 다녀갔기 때문에 물건에 대한 실물정보가 나와 있다. 하지만 내가 직접 입찰할 것이라면 사진 확인 뒤 꼭 현장 방문을 해야 한다. 사진과 실물이 다른 경우가 많다.

10) 건물 현황에 대해서 나오며, 건물 및 토지의 너비가 있으며, 이용 상태 등이 나온다. 이러한 정보들은 감정평가사가 조사할 시점에 따라 내용이 달라질 수 있다.

11) 임차인현황도 조사가 된다면 확인할 수 있지만 안 나오는 경우가 있으니 참고해야 한다. 말소기준권리 및 배당요구종기일 등은 대부분 나와 있으니, 권리분석을 빠르게 할 수 있도록 도움을 준다.

건물현황

구분	위치	사용승인	면적	이용상태	감정가격	(보존등기일: 05. 11. 11)
건물	15층중 3층	05.10.21	69.65㎡	방2, 욕실겸화장실, 주방/식당, 거실(방)	168,000,000원	▶가격시점:18.06.13/원월감정평가
토지	대지권		2479.4㎡ 중 9.996㎡		392,000,000원	

현황·위치 주변환경	* "우성1차아파트" 동측 인근에 소재하며 주위환경은 강남대로를 중심으로 소매점,커피숍,각종판매점, 금융기관,오피스,오피스텔 등의 상업시설 및 업무시설이 주를 이루는 환경임. * 본건까지 차량접근이 가능하며 인근에 버스정류장이 소재하고 북측 근거리에 강남역(2호선,신분당선)이 소재하는 등 제반교통상황은 양호함. * 본건은 인접도로 및 토지와 등고평탄하며 세장형으로서 주상복합건부지로 이용중임. * 본건 북동측으로 왕복10차선,남동측으로 약8m 및 남서측으로 약 6m의 아스팔트 포장도로에 접해있음.

참고사항	* 2018타경5097(중복) * 본건은 오피스텔(업무시설)로 사용승인을 득하였는 바 현황은 주거용 오피스텔로 이용하였음.

임차인현황   말소기준권리: 2011.08.29   배당요구종기: 2018.08.16

임차인	점유부분	전입일/확정일 /배당요구일	보증금액 / 차임세 or 월세	대항력 여부	배당예상금액	기타
	주거용 전부	전입일 미상 확정일 미상 배당요구일 2018.06.08	보320,000,000원		배당순위있음	선순위전세권등기자, 경매신청인

기타참고	☞상가건물임대차 현황서 및 전입세대 열람 내역에 임차인 자료 내역은 없으며, 현황조사결과 임차인 가족이 거주하고 있으며 다른 세입자는 없고 전세권설정등기를 했다고 임차인의 배우자 진술(안내문교부) * 존속기간 2013.8.28.까지, 배당요구종기내에 전세권에 기한 경매를 중복신청함. 경매신청시 제출한 계약서 상 임대차기간 2011.8.29.~2013.8.28까지임.

말소기준권리란?

경매 물건의 등기사항에서 저당, 근저당, 압류, 가압류, 가등기, 담보가등기, 경매기입등기 등의 권리 중에서 가장 먼저 설정된 권리를 말한다. '소멸기준권리'라고도 한다. 말소기준권리 이후의 권리는 낙찰자가 인수하지 않고 소멸하는 권리들이다. 말소기준권리 이전의 권리가 있다면 낙찰자가 인수해야 하는 권리이므로 상당한 주의가 필요하다.

⑫

등기부현황

No.	일자	권리종류	권리자	채권최고액 (계:5,758,560,547)	비고	소멸여부
1	2005.12.16 (105448)	소유권이전(매매)				
2	2011.08.29 (43841)	전세권(전부)		320,000,000원	말소기준등기 존속기간: ~2013.08.28	소멸
3	2014.12.02 (281269)	근저당		108,000,000원		소멸
4	2016.08.24 (172201)	가압류		2,671,760,690원	2016카단808032	소멸
5	2016.09.26 (196605)	가압류		380,000,000원	2016카단102122	소멸
6	2016.10.24 (219858)	가압류		202,723,827원	2016카단203760	소멸
7	2016.10.24 (219912)	가압류		2,055,140,710원	2016카단4062	소멸
8	2017.01.23 (14006)	가압류		20,935,320원	2017카단800949	소멸
9	2017.08.24 (161758)	압류				소멸
10	2018.01.19 (9902)	압류				소멸
11	2018.06.04 (105059)	강제경매		청구금액: 50,000,000원	2018타경4384, 한국산업 은행 가압류의 본 압류로 의 이행	소멸
12	2018.06.08 (108103)	임의경매		청구금액: 320,000,000원	2018타경5097	소멸

12) 등기부 현황에는 본 물건에 대한 이력을 확인할 수 있다. 채무자와 채권자에 대한 관계를 직접 확인할 수 있으며, 직접 들어갈 물건은 등기부 등본을 직접 떼어보고 다시 한번 확인해야 한다.

경매는
시간 싸움이다

경매는 결국 시간 싸움이다. 좋은 물건이 언제까지나 우리를 기다려주지 않는다. 대법원경매사이트에서도 내용을 확인할 수 있지만, 내용을 파악하기에는 힘든 점들이 많다. 따라서 유료서비스를 이용하는 것이다.

1번부터 12번까지 모든 내용이 들어 있으니 시간도 절약할 수 있다. 따라서 여러 물건을 볼 수 있는 시간도 절약하니 하루에 30분 이상씩 보는 것을 추천한다. 특히 경매를 막 시작하는 분들은 경매정보지 보는 것에 익숙해져야 좋은 물건들을 선별할 수 있는 눈이 생긴다. 아무리 가격이 저렴해 보여도 그곳에는 함정이 숨어 있을 수 있기 때문이다.

임장활동 시
체크해야 하는 사항

시세파악

임장의 기본 활동은 시세파악이다. 시세는 수익과 직결되므로 잘 못된 시세 조사는 잘못된 투자로 이어진다. 시세 조사는 매매/전세/월세 모두 해야 한다. 물건의 상황에 따라 월세를 둘 수도 바로 매매를 할 수도 있기 때문이다.

수요파악

시세를 파악했다면 수요 파악도 중요하다.

아파트나 오피스텔의 경우에는 시세와 수요파악이 쉬울 수 있다. 하지만 일반 다세대주택이나 상가의 경우에는 아파트처럼 정형화되어 있는 게 없어서 정확히 파악하기 힘들다. 따라서 여러 부동산에 문의를 한 뒤 투자자 개인의 입장으로써 판단해야 한다. 투자의 성공과 실패 모두는 개인의 몫이기 때문이다.

공실파악

임대 수요를 파악할 수 있는 방법의 하나는 공실 여부를 확인하는 것이다. 1층에 있는 상가라고 하더라도 2층과 3층의 상가 공실 상태도 함께 확인해야 한다.

관리비파악

대부분 부동산에는 관리비가 발생한다. 따라서 관리비에 대한 부분을 낙찰자가 인수하게 되는 경우도 있으니 관리사무실에 들러 꼭 확인해야 나중에 예상하지 못한 금액을 지급하는 불상사를 피할 수 있다. 또한 관리사무실은 그 건물을 항시 관리하고 있기 때문에 부동산에서 듣지 못했던 소중한 정보를 얻는 경우도 더러 있으니 꼭 방문하여 체크해야 한다.

	종류	최저가	평균가	최고가	현재 물건	전세	월세	비고
온라인 시세파악	네이버 시세							
	KB 시세							
	국토부 실거래가				1분기	2분기	3분기	4분기
오프라인 시세파악	부동산 1							
	부동산 2							
	부동산 3							
	부동산 4							
	방향/층수에 따른 가감	1층 및 탑층에 따른 가감			방향에 따른 가감		기타	
	최근 동일 물건 낙찰가격							
문제점들은 없나?	현장 확인 시 문제점	전입세대 열람	주변환경		관리비	우편물	기타	
	권리분석상 문제점							
	임차인 문제점							
	배당상 문제점							
	주거인 구성							
	인수 금액 여부							
	예상 경비	취득세/법무사비	은행이자	중개비	이사비/명도비	관리비	리모델링	기타
	예상 입찰가				매도가격-경비 총합 -세금-문제점에 따른 비용			
	입찰전 CHK	감정평가서	등기부등본	대법원	매각물건명세서 &현황조사서	문건 접수 내역		기타

경매투자 노트는 소중한 자산이 될 수 있다. 한 물건에 대해 정확히 해두었다면 다음에 그 지역에 물건이 나오면 좀 더 수월하다. 따라서 온라인 조사 및 시세에 대한 부분을 정확히 작성해두는 것을 추천한다. 자신만의 경매투자 노트를 만들어서 물건을 꼼꼼하게 체크하고 경매 결과에 대한 꾸준한 리뷰가 경매 실력을 키우는 지름길이다.

명도는 어떻게 해야 하나?

명도란?
낙찰받은 물건에 거주하고 있는 소유자나 임차인을 내보내는 과정을 의미한다.

명도는 다양한 무기를 사전에 준비해, 강제집행 전에 모든 협의를 끝낼 수 있도록 하는 것이 좋다. 명도비가 발생할 수 있다는 것을 항상 고려해야 하며 기존임차인을 계속 유지하며 재계약을 하는 것이 유리한지도 고민해봐야 한다.

명도확인서는 낙찰자에게 가장 중요한 무기가 될 수 있다. 다시 한 번 강조하지만, 낙찰자는 잘못한 게 없다. 오히려 사건을 해결해주는 해결사이다. 그러니 점유자에게 끌려가는 협상을 할 필요가 없다. 점유자와의 협상은 투자의 수익과 관련이 있음을 염두에 두자. 따라서

명도확인서

사건번호 :

이 름 :

주 소 :

   위 사건에서 위 임차인은 임차보증금에 따른 배당금을 받기 위해 매수인에게 목적부동산을 명도하였음을 확인합니다.

첨부서류 : 매수인 명도확인용 인감증명서   1통

년   월   일

매수인   (인)

연락처(☎)

지방법원   귀중

쫓기듯 명도를 하게 되면 예상했던 수익보다 적어지는 경우가 있다. 또한 적을 알면 승리할 수 있는 확률이 높아지기 때문에 점유자가 배당을 어떻게 받는지 알고 있으면 큰 도움이 된다. 예를 들어 최우선변제금액만 받는 점유자라면 금전적 손실이 있을 것이다. 그럴 때 소정의 명도비를 주겠다는 생각으로 접근하는 것이 좋다. 협상이 되지 않아 강제집행까지 가는 경우에는 최소 3개월 이상 기간이 지연될 수 있다. 이런 경우에는 강제집행 비용과 매달 나가는 이자 비용이 있기 때문에 이를 고려하여 명도비를 책정해두면 좋다.

등기부등본
보는 방법

집을 계약하기 전에 반드시 확인해봐야 하는 것이 바로 등기부 등본 (등기사항전부증명서)이다. 경·공매 진행 시 등기부 등본과 건축물대장 확인을 필수적으로 해야 하는 우리에게는 더더욱 필요한 절차이다.

등기부 등본
열람방법

등기부 등본은 공인중개업소를 통해 받아볼 수도 있지만, 인터넷

대법원 인터넷등기소 홈페이지 화면

을 통해서도 직접 열람할 수 있다. 등기부 등본 열람은 대법원 인터넷
등기소(www.iros.go.kr)를 통해 확인이 가능하다. 인터넷 등기소 홈페이
지 등기 열람/발급 내 부동산 카테고리를 클릭하여 해당 부동산 주소
를 입력하면 열람 및 발급을 할 수 있으며 이때 열람 수수료 700원, 발
급 수수료 1,000원을 지급해야 한다.

등기부등본에서 가장 처음에 살펴봐야 하는 것들은 몇 가지가 있다.
등기부등본은 해당 부동산의 건축 연도, 면적, 권리관계의 이동 등 부동산에 관한 대략적인 내용이 함축된 부동산의 신분증이라 할 수 있다. 등기부등본은 크게 표제부, 갑구, 을구 세 항목으로 구성되어 있는데 가장 첫 번째 항목인 표제부에는 건물의 주소와 층별 면적, 크기, 용도 등 건물 자체에 대한 내용이 담겨 있기 때문에 등기부등본을 처음 받아봤을 때는 가장 먼저 표제부를 확인하여 내가 찾고 있는 부동산이 맞는지를 확인해 봐야 한다.

등기부등본의 구성

표제부	부동산의 토지와 건물을 표시함
갑 구	소유권에 대한 내용을 표시함
을 구	소유권 이외의 권리에 대한 내용을 표시함

등기부 등본 (현재 유효사항) – 집합건물

[집합건물] 서울특별시 ▇▇ ▇▇ 300-130 제17동 제1층 제101호

고유번호 : ▇▇▇▇ ▇▇▇▇

【 표　　제　　부 】 (1동의 건물의 표시)

표시번호	접 수	소재지번, 건물명칭 및 번호	건 물 내 역	등기원인 및 기타사항
1 (전 1)	1973년5월21일	서울특별시 ▇▇ ▇▇ 300-130 제17동	철근콩크리트조 슬래브지붕 5층 멘숀아파트주택 1층 611.71㎡ 2층 611.71㎡ 3층 611.71㎡ 4층 611.71㎡ 5층 611.71㎡ 옥탑 39.67㎡	

(대지권의 목적인 토지의 표시)

표시번호	소 재 지 번	지 목	면 적	등기원인 및 기타사항
1 (전 1)	1. 서울특별시 ▇▇ ▇▇ 300-130 2. 서울특별시 ▇▇ ▇▇ 300-128 3. 서울특별시 ▇▇ ▇▇ 300-129 4. 서울특별시 ▇▇ ▇▇ 300-289	대 대 도로 대	1638.7㎡ 465.4㎡ 559.7㎡ 203㎡	1986년9월17일

【 표 　 제 　 부 】			（ 전유부분의 건물의 표시 ）	
표시번호	접 　 수	건물번호	건 물 내 역	등기원인 및 기타사항
1 (전 1)	1973년5월21일	제1층 제101호	철근콘크리트조 101.95㎡	도면편철장 제2책 제323장
（ 대지권의 표시 ）				
표시번호	대지권종류		대지권비율	등기원인 및 기타사항
1 (전 1)	1. 2. 3. 4 소유권대지권		867.5분의 29	1985년9월17일 대지권 1986년9월17일

등기부 등본(집합건물) [표제부] (전유부분 건물의 표시) 사례

소재지 및 구조 용도가 나와있는 표제부

표제부를 살펴볼 때 중요한 부분은 바로 대지권 비율이다. 부동산 투자의 핵심은 대지권의 비율을 최대한 많이 확보하는 것이다. 대지권 비율이 높아야 나중에 재개발 및 재건축이 진행될 때 상당히 유리하다. 건물의 가치는 감가상각으로 계속 하락하지만, 토지의 가격은 계속 상승하기 때문이다. 따라서 경매 물건의 대지권 비율이 어느 정도 되는지 확인 후에 진행하는 것을 추천한다.

소유권에 관한 권리관계가 표시되어 있는 갑구

【 갑 　 구 】			（ 소유권에 관한 사항 ）	
순위번호	등 기 목 적	접 　 수	등 기 원 인	권 리 자 및 기 타 사 항
10	소유권이전	2005년2월17일 제4173호	2005년1월19일 매매	소유자 ▨▨ ▨ ▨▨▨-1＊＊＊＊＊＊ 서울특별시 ▨ ▨ ▨ ▨ ▨ ▨ ▨ ▨ ▨

등기부 등본 [갑구] 사례

갑구에는 소유권 및 소유권 관련 권리관계에 관한 등기사항이 기재되어 있다. 즉, 등기를 한 목적이 무엇인지, 접수일은 언제인지, 등기원인(가등기, 가처분, 예고등기, 가압류, 압류, 경매 등)은 무엇인지 등을 확인할 수 있다. 만약 등기부등본 갑구에 경매나 압류를 했던 기록이 많이 있다면 그만큼 손바뀜이 잦은 이유가 있다는 뜻일 수도 있으니 신중하게 계약을 할 필요가 있다. 한편, 갑구에 나와 있는 소유권 관련 권리관계는 시간 순서대로 표시되기 때문에 계약하려고 하는 부동산의 현재 소유주는 갑구의 가장 마지막 부분을 확인해야 한다.

소유권 외 저당권, 전세권 설정 등의 권리관계가 표시되어 있는 을구

【 을 구 】			(소유권 이외의 권리에 관한 사항)	
순위번호	등 기 목 적	접 수	등 기 원 인	권 리 자 및 기 타 사 항
13	근저당권설정	2005년2월17일 제4174호	2005년2월17일 설정계약	채권최고액 금300,000,000원 채무자 ███ 서울 ███████ 근저당권자 주식회사███은행 ██████ 서울 종로구 █████ (개인여신팀)

등기부 등본 [을구] 사례

등기부등본을 확인하는 가장 큰 이유 중 하나는 저당권 설정 여부를 확인하기 위함이다. 등기부등본 상 저당권 설정 여부가 표시된 곳이 바로 '을구'다. 을구에는 해당 부동산의 소유권 외 전세권, 지역권, 지상권, 저당권에 대한 내용이 들어 있는데 만약, 을구 등기목적란에 근저당권설정이라고 표시되어 있고 권리자 및 기타사항에 채권최고액 2

억원이라고 표시되어 있다면, 해당 부동산은 은행에 2억원이 저당 잡혀있다는 뜻이다(채권최고액은 빌린 돈의 120~150%로 설정됨). 따라서 건물의 소유자가 은행에서 빌린 돈 2억을 갚지 못한다면 그 건물은 경매로 넘어가게 되고 세입자는 보증금을 온전히 받지 못할 가능성이 높기 때문에 계약하기 전에 주의해야 한다.

건축물대장에서
건물 개요와 세부사항 확인

등기부등본 외에 건축물대장 확인도 필수다. 건축물대장은 건축물의 위치, 면적, 구조, 용도, 층수 등과 건축물 소유자의 성명, 주소, 소유권 지분 등 소유자 현황 관련 사항을 등록해 관리하는 대장을 말하는데 건축물이 어떤 재료로 지어졌는지, 엘리베이터가 몇 개인지, 주차장이 얼만한지, 각 층 면적이 어느 정도인지 등 건축에 대한 모든 사항이 정리돼있어 등기부등본의 표제구보다 훨씬 더 상세한 사항을 확인할 수 있다. 건축물대장은 인터넷을 통해서 무료로 열람·발급이 가능한데 정부민원포털 민원24(www.minwon.go.kr) 홈페이지 첫 화면에서 '건축물대장등초본'을 클릭한 후 건축물 소재지, 대장 구분, 대장 종류만 입력하면 무료로 열람·발급할 수 있다.

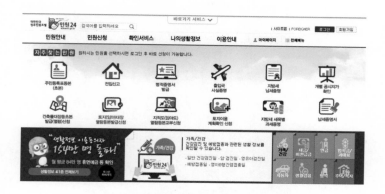

민원24-건축물대장

전입세대열람의
중요성

경매정보지에 안 나와 있던 전입세대 열람으로 인해 대항력 있는 임차인 발견했을 때 문제가 생긴다.

전입세대 열람은 말 그대로 해당 거주지에 누가 살고 있는지에 대한 신고 내역을 말한다. 해당 동사무소에 가서 '전입 세대 열람신청서'를 작성하고 발급 신청을 할 때는 반드시 신분증을 가지고 가야 할 수 있다. 이때 경매정보지를 제출해야 하기 때문에 반드시 2부를 준비해서 가는 것이 좋다. 여기서 확인해야 하는 사항은 임차인의 전입 신고 날짜와 대항력 유무를 확인하는 것이다.

🔦 **저는 경매 정보지의 등기부 현황 보는 방법도 모르겠어요.**

경매를 할 때 가장 먼저 하는 것이 등기부 현황을 열람하는 것이다. 등기목적과 순위가 명시되어 있고 말소기준권리 이하 소멸 여부도 상세히 확인할 수 있다. 등기부 현황을 제대로 보지 못한다면 경매로 인해 아주 큰 금전적인 피해를 볼 수 있기 때문에 반드시 공부하고 넘어가야 하는 부분이다.

등기부 현황 보는 방법

■ 등기부현황

순위	등기목적	접수일자	권리자	청구금액 (계:78,000,000)	기타등기사항	소멸여부
1	근저당	2015.04.03 (25045)	(주)세종에셋대부	78,000,000원	말소기준등기 확정채권양도전:성남중앙 신용협동조합	소멸
2	소유권이전(매매)	2015.05.11 (37473)	전애			
3	압류	2016.02.02 (7830)	국민건강보험공단			소멸
4	임의경매	2017.03.14 (19259)	(주)세종에셋대부	389,864,759원	2017타경4487	소멸

1) 소유권이전(매매/상속) – 부동산에 대한 소유권이 이전된 시점으로, 분양을 받아서 부동산을 매입하거나 상속으로 물려받는 경우가 있다. 부동산을 매입할 때 은행에서 대출을 받은 후에 잔금을 치르면 소유권이 넘어오는 것이다. 본 물건에서는 홍길동이라는 사람이 집에 대한 소유권을 가지고 있었고, 소유권자는 채무자일 가능성이 높다.

2) 근저당 – 앞으로 생길 채권의 담보로 저당권을 미리 설정하는 것이다. 저당
   권은 채무자가 채무를 이행하지 않을 경우에 대비하여 미리 특정 부동산을
   담보물로 저당 잡아 둔 채권자가 그 담보에 대하여 다른 채권자에 우선 변제
   받는 것을 목적으로 하는 권리이다. 근저당은 은행 등 금융기관에서 주로 담
   당한다. 본 물건에서는 (주)세종에셋대부에서 가지고 있다. 청구금액은 본 부
   동산에 대해 최초 대출금에 채권최고액인 120~130%로 설정되어 있다.

3) 압류와 가압류

   압류는 대부분 정부에서 채무자가 특정한 재산이나 권리를 처분하지 못하게
   하는 것이고, 가압류는 대부분 사인 간에 채무로 재산을 함부로 처리하지 못
   하게 하는 것이다. 압류를 신청한 후 결정까지 시간이 많이 소요되기 때문에
   그사이에 채무자가 재산을 처분할 가능성이 있다. 따라서 가압류를 통해 신
   속하고 은밀하게 결정할 수 있다. 이렇게 되면 최소형식만 취한 후 바로 결정
   하여 일단 등기부에 기재할 수 있다. 둘의 공통점은 재산동결을 한다는 점이
   있으며, 둘의 차이는 집행권원이 국가에 의하여 재산의 처분조치가 이루어진
   것이라면 압류이고, 집행 권한이 없는 개인이 재산의 동결조치는 가압류일
   것이다.

   다음의 등기부 현황을 보면 압류는 강서구와 원미구에서 들어왔고, 가압류는
   여러 캐피탈 회사나 개인에서 들어왔다.

■ 등기부현황(채권액합계: 35,068,863원)

No	접수	권리종류	권리자	채권금액	비고	소멸여부
1	1999.03.04	소유권이전(매매)	김 호			
2	2000.08.08	소유권이전 청구권가등기	김 화		매매예약	인수
3	2004.07.28	가압류	현대캐피탈(주)	4,095,531원	말소기준등기	소멸
4	2004.08.19	가압류	삼성카드(주)	3,459,982원		소멸
5	2004.08.23	가압류	신한은행	11,865,204원	구. 조흥은행	소멸
6	2004.10.25	가압류	삼성카드(주)	11,821,327원		소멸
7	2006.02.14	압류	국민건강보험공단			소멸
8	2006.08.22	압류	부천시원미구		세무1과-11976	소멸
9	2008.04.01	가압류	피닉스제일차유동화전문유한회사	3,826,819원		소멸
10	2008.06.19	압류	서울특별시강서구		세무과9884	소멸
11	2008.09.01	강제경매	현대캐피탈(주)	청구금액: 4,054,706원	2008타경 16740, 현대캐피탈주식회사 가압류의 본압류로의 이행	소멸
12	2009.01.20	압류	부천시원미구			소멸

말소기준권리가 2004년 7월 28일 현대캐피탈이 말소기준이 된다.

후순위 삼성카드, 신한은행 등은 낙찰받게 되면 배당을 받고 이 권리들은 말소가 된다.

최초의 근저당이 말소기준권리 90% 이상이라고 했는데, 말소기준권리가 가압류가 된다. 더불어 말소기준권리 후순위는 다 말소가 되지만 선순위 김경화(가명)의 소유권이전청구권 가등기는 인수가 된다. 즉 말소기준권리보다 후순위는 말소가 되고, 말소기준권리보다 선순위는 낙찰자 인수가 되는 대표적인 케이스이다.

4) 임의경매와 강제 경매

부동산에 대한 경매 절차에는 임의경매와 강제경매의 두 절차가 있다.

임의경매는 일반적으로 담보권의 실행을 위한 경매를 말한다. 채무자가 채무를 임의로 이행하지 않는 경우에 저당권 등의 담보권을 가진 채권자가 담보권을 행사하여 목적물을 매각한 다음 그 매각 대금에서 다른 채권자보다 먼저 채권을 회수할 수 있는데, 이것을 임의경매라고 한다.

강제경매는 채무자 소유의 부동산을 압류한 다음 매각하여 그 매각대금을 가지고 채권자가 금전채권의 만족을 얻을 수 있도록 하는 절차이다. 채권자가 채무자를 상대로 승소 판결을 받았는데도 채무자가 빚을 갚지 않는 경우가 있다. 이 경우 채권자가 채무자의 부동산을 압류하고 매각하여 그 매각대금으로 빚을 받아내는 절차가 강제 경매이다.

권리분석
기본만은 알고가자

　초보자들이 가장 크게 실수하는 것이 바로 권리분석이다. 잘못하면 어렵게 준비한 입찰 보증금도 날릴 수 있다는 불안감 때문에 실제로 입찰 경험이 없이 책으로 공부를 하면 결코 경매시장에서 살아남을 수 없다. 최대한 직접 경매에 참여하면서 경험해보는 것이 좋다. 이렇게 직접 경매에 참여해야 기본적인 권리분석을 통해서 충분히 낙찰을 받을 수 있다. 여기서 말하는 권리분석은 '낙찰자가 인수해야 하는 권리'를 의미한다. 인수는 낙찰자가 떠안아야 하는 금전적인 부분이 될 수 있기 때문에 반드시 확인해야 하는 사항이다. 책에서는 초보자들이 가장 많이 접할 수 있는 권리분석 내용을 소개하겠다.

말소기준권리만 알아도
대부분 해결된다

경매를 통해 매각되는 부동산들은 최고금액을 써낸 낙찰자의 대금납부와 동시에 소유권이 귀속된다. 법원은 최고가 매수인인 낙찰자에게 소유권이전 등기를 촉탁하게 된다. 그런데 해당 부동산의 등기부에는 경매과정에서 기록된 여러 흔적이 남아 있다. 법원은 소유권이전 등기를 촉탁하면서 등기부에 기록되어 있는 그간의 경매와 관련된 각종 권리를 정리(인수 혹은 말소)하는 작업을 하는데 이때 정리의 기준이 되는 것을 말소기준권리라고 한다. 말소기준권리는 부동산등기부에서 등기일이 제일 빠른 권리를 말한다. 이 권리를 기준으로 순위가 빠르면 인수, 느리면 깨끗이 말소된다.

낙찰자에게 인수되는 권리	말소되는 권리
유치권	(근)저당권, 담보가등기
말소기준권리보다 우선 설정된 전세권, 지상권, 지역권	말소기준권리 이후에 설정된 전세권, 지상권, 지역권
말소기준권리보다 우선한 대항력을 갖춘 임차인	말소기준권리보다 늦은 임차인

말소기준권리보다 우선하여 등기된 가처분, 소유권이전청구권 보전가등기, 환매등기	말소기준권리 이후에 설정된 가압류, 가등기, 환매등기

※ 기타사항 :

- 유치권, 분묘기지권, 건물 철거를 목적으로 한 가처분등기, 전 소유자의 가압류는 말소기준권리 순위와 관계없이 인수
- 소유권이전청구권 보전가등기는 권리신고 및 배당요구를 하면 담보가등기로 간주하여 소멸
- 말소기준권리보다 먼저 설정된 전세권이 배당신청을 하지 않았으면 낙찰자가 인수

그 외에 인수되는 권리와 말소되는 권리만 체크하고 가면 된다.

유치권 신고가 되어 있다고 모두 다 인수되는 것은 아니다

물건을 보다 보면 다음과 같이 유치권 신고가 되어 있는 물건을 볼 수 있다. 이렇게 되어 있다고 하면 크게 겁낼 필요 없고, 금전적 손

실도 적은 경우가 대부분이다. 이러한 물건은 특수물건이라고 해서 경쟁에서도 좋은 우위를 차지할 수 있다. 그러면 유치권 신고 성립이 가능한 부분이 무엇인지 알아야 한다.

<table>
<tr><td>주의
사항</td><td>☞ 유치권 신고 있음-2018.9.6.자로 김한수로부터 공사대금(금36,000,000원)을 위하여 유치권신고가 있으나, 그 성립여부는 불분명.</td></tr>
</table>

유치권 - 민법 제320조

1) 타인의 물건 또는 유가증권을 점유한 자는 그 물건이나 유가증권에 관하여 생긴 채권이 변제기에 있는 경우에는 변제를 받을 때까지 그 물건 또는 유가증권을 유치할 권리가 있다.
2) 전항의 규정은 그 점유가 불법행위로 인한 경우에는 적용하지 아니한다.

① 유치권자가 주장하는 채권이 채무자의 목적물로부터 발생된 것이라야 한다.

예컨대 유치권자가 채무자의 건물을 신축하거나 채무자의 건물을 시설한 경우에 발생하는 채권이라야 된다는 의미다. 만약 유치권자가 임대차보증금이나 위약금 채권 등은 목적물 자체로부터 발생된 것이 아니기 때문에 관계가 없다고 본다. 그렇다면 유치권의 채권이 될 수 있는 것은 공사비와 건물 개보수비 그리고 유익비

등은 채무자의 선택에 따라 유치권의 채권에 해당한다는 것이 판례의 입장이다.

② 유치권자가 목적물을 점유해야 한다는 것은 최소한 경매개시 결정등기 이전부터 점유해야 성립된다.

왜냐하면 경매개시결정등기가 되면 해당 부동산은 법원의 점유로 넘어가기 때문이다. 또한 유치권의 신고와 점유와는 별개의 문제다. 채무자의 부동산이 경매에 들어간 이후에라야 유치권자가 유치권의 신고를 할 수 있기 때문에 경매기일 이전에만 신고하면 신고 자체에 대한 시점은 문제 되지 않는다. 이와 관련해서 아파트의 경우 유치권자의 채권에 대해 가장 문제 되는 채권은 유익비와 필요비에 대한 문제다.

유익비는 건물의 가치 증대 비용이고, 필요비는 현상 유지 보수비라고 한다. 이러한 비용은 대부분 판례가 인정하지 않는 비용이다. 유익비는 대표적으로 건물 입구의 진입로 포장공사, 외부 석재마감 공사, 화장실, 철골 골조보강 및 보수공사 등이다. 이는 건물주의 선택에 좇아 그 지출의 비용이나 증가액의 상환을 청구할 수 있다.(민법 제325조 제2항 참고) 그리고 필요비는 임대차목적물을 달성하는 데 반드시 필요한 비용이다. 이러한 채권은 유치권성립에 인정되는 채권이다. 따라서 유치권의 성립요건 중에서 가장 중요한 점유와 채권의 문제에 대해 수많은 판례가 있는 것을 보면 경매물건에 가장 쟁점이 되는 권리분석이 유치권임을 알 수 있다.

재경매는
무엇인가

경매 초보자들의 흔적이라고 할 수 있는 재경매에 대해서 알아보자. 재경매는 낙찰자가 대금 지급기한 내에 낙찰대금을 납부하지 않아서 다시 경매 물건으로 나오는 것을 말한다. 그럼 왜 낙찰자는 대금을 납부하지 않았을까? 이유는 여러 가지가 있지만, 권리분석에서 실패했을 가능성이 있다. 처음부터 꼼꼼하게 분석을 하지 않고 무턱대고 입찰에 참여한 것이다. 낙찰을 받고 나서야 낙찰자가 인수해야 하는 금액이 추가로 발생한다는 사실을 알게 되고, 또한 임차인에게 거액의 전세금을 돌려줘야 하는 권리를 보지 못한 채 낙찰을 받은 것이다. 따라서 경매 물건에 입찰을 할 때에는 최소한 두 번, 세 번씩 물건을 분석하고 살펴보고 주변의 도움을 받는 것이 좋다. 절차는 이렇다. 가장 먼저 말소기준등기를 찾는다. 유료 경매 정보지를 보면 명확하게 표시가 되어 있다. 말소기준등기 이하에 권리가 소멸하는 권리인지 반드시 확인한다. 만약 낙찰로 소멸하지 않는 권리가 있다면 경매 초보자는 아예 피하는 게 상책이다. 괜히 어려운 문제를 풀려고 노력할 시간에 더 좋은 물건을 찾는 것이 빠르다. 그리고 나서는 임차인의 유무를 확인한다. 임차인이 있다는 것은 임차인에게 대항력이 존재할 수 있다는 뜻이다. 대항력은 세입자의 임대차기간과 임차보증금을 전액을 반환받을 때까지 집에서 나가지 않을 권리를 말한다. 임차인은 아무런 잘못이 없다. 집주인이 가지고 있는 집이 경매로 넘어가는 것이기 때문에 임차인은 권리를 주장할 수 있다. 임차인 유무를 확인하고 대항력이 유무를 확인한 뒤 매각물건명세서를 확인한다. 입찰 당일에도 변경사항이 있는지 반드시 확인하고 진행해야 한다.

권리분석 4단계

(1) 말소기준권리 찾기

(2) 등기부등본상 권리분석

(3) 임차인(세입자) 현황 분석

(4) 배당금 현황 분석

법원에서
실수하지 않는 방법

임장활동을 열심히 하고 나서 낙찰까지 잘 받으려면 최종적으로 입찰하는 법원에서는 어떠한 실수도 용납되지 않는다. 몇번의 입찰 경험이 있는 경우에도 실수하는 경우가 있으니 반드시 꼼꼼하게 살펴봐야한다.

이러한 물건을 보면 감정가 3억원 정도 되는 물건을 무려 32억8천만원으로 입찰을 한 케이스다. 긴장해서인지 입찰서에 0 하나를 더 써서 1093%가 나왔다. 아무리 좋은 물건이라고 하지만 감정평가와 시세의 차이가 이 정도로 날 수는 없다. 이러한 경우에는 보증금을 전부

2017타경71655

의정부지방법원 본원 12계(031-828-0364) 매각기일 2019.02.13(10:30)

소재지	경기도 남양주시 진접읍 팔야리 137 외 2필지 지도보기 도로명주소검색					
물건종별	사무실	사건접수	2017-02-22(신법적용)	입찰방법	기일입찰
토지면적	592㎡(179.1평)	소유자	심은선	감정가	299,843,950
건물면적	151.25㎡(45.8평)	채무자	오숙현 외 1명	최저가	(100%) 299,843,950
매각물건	토지 건물 일괄매각	채권자	이문연 외 1	보증금	(10%) 29,990,000

[입찰진행내용]

구분	입찰기일	최저매각가격	결과
	2017-11-15	299,843,950원	변경
	2017-12-13	299,843,950원	변경
	2018-01-17	299,843,950원	변경
	2018-10-24	299,843,950원	낙찰

낙찰 3,280,000,000원(1093.9%) / 13명 / 불허가

낙찰 679,000,000원(226.45%) / 7명 / 불허가

3차 2019-02-13 299,843,950원

낙찰 : 701,200,000원 (233.85%)

(입찰5명)

매각결정기일 : 2019.02.20 - 매각허가결정

날릴 수 있지만, 다행히 불허가가 나서 보증금을 돌려받을 것이라고 생각한다. 따라서 입찰서를 작성할 때 실수하지 않도록 작성을 하고 입찰서를 사진을 찍어둔 뒤 입찰 마감 직전에 넣는 것을 추천한다. 이렇게 하면 일어날 수 있는 실수도 사전에 한 번 더 방지할 수 있을 것이다.

경락잔금
대출이란

경락잔금대출
정의 및 대출받는 방법

경락잔금대출이란?

경매는 일반적인 매매와 달리 낙찰 때 10~20%가량을 보증금으로 내고 낙찰 후 45

일 이내에 잔금을 치른다. 이때 자금이 부족해 잔금 조달이 힘든 낙찰자를 위해 시

중은행이나 제2금융권 등에서 낙찰받은 물건을 담보로 대출을 해주는 데 이를 경락

잔금대출이라 한다.

예를 들어 감정가 1억2천만원짜리 빌라를 9,000만원에 낙찰을 받았다고 해보자. 9,000만원을 내 돈으로 내고 빌라를 인수해야 한다면 상당한 부담이 될 것이다. 바로 이때 경락잔금대출을 이용하면 고민이 쉽게 해결된다. 경락잔금대출은 낙찰가의 80%까지 받을 수 있다. 따라서 7,200만원까지 대출을 받을 수 있다. 물론 개인 신용과 상황에 따라서 금리와 금액은 달라질 수 있지만, 통상적으로 봤을 때 가능한 금액이다. 빌라를 낙찰받은 낙찰자는 이제 1,800만원만 투자하면 된다. 빌라를 인수하면서 수리, 도배, 장판 등 인테리어를 하지 않는다고 생각하면 취등록세와 법무사 비용을 대략 계산하면 150만원 정도 들어간다. 따라서 총 1,950만원으로 감정가 1억 2천만원짜리 빌라를 소유할 수 있게 되는 것이다. 그런데 만약 보증금 2,000만원에 월 40만원에 임대를 준다고 생각해봐라. 초기에 투자한 돈을 모두 회수하고도 50만원이 남고 매월 일정한 금액의 수입이 매도하는 순간까지 발생하게 된다.

경락잔금대출을 받을 때는 은행뿐만 아니라 다양한 곳에 전화를 해보는 것을 추천한다. 자신이 생각했던 금액보다 적은 금액의 대출이 나오는 경우에는 사전에 계산한 수익률은 큰 차이가 나게 된다. 대출금액이 달라지면 경매로 물건을 싸게 사려는 모든 계획이 수포가 될 수 있게 된다. 심지어는 대출이 되지 않아 입찰보증금을 포기해야 하는 경우도 있다. 실제로 경락잔금이 나오지 않는 물건에 입찰을 하는 경우도 있으니 반드시 주의해야 한다. 그리고 앞서 이야기 한 것 처럼 본인의 신용에 큰 문제가 있어서 대출이 안나오는 경우가 있다면 이는 '미납사건' 처리가 될 수 밖에 없음을 꼭 인지해야 한다. 따라서 본인 물건의 소재지나 본인 거주지역 은행 지점들에 가능한 한 많이 전화해 봐야 한다. 대출비율, 대출이자, 거치기간, 변동/고정금리, 중도상환 수수료, 만기 후 연장 여부에 대해서 꼼꼼히 비교를 해봐야 한다. 이는 곧 수익률에 많은 영향을 끼치기 때문이다.

대출단계에서 명심해야 될 것

1) 금리에 너무 민감하지 말 것.

금리보다 중요한 것은 대출 금액이다. 대출 금액이 높은 것이 초보 투자자들에게 유리한 경우가 많다. 대출금과 금리에 따라 수익률이 변동되지만, 보통 수익률에 큰 영향을 미치는 것은 금리가 아니라 금액임을 명심해야 한다.

2) 같은 수익률이라면 거치 기간이 긴 것이 좋다.

거치 기간이 짧다고 해서 연장이 안 되거나 아예 방법이 없는 것은 아니다. 대출은 기간 연장이 가능하다. 기간 연장이 안 되는 경우에는 타은행으로 갈아타는 '대출 갈아타기'를 해서 계속 대출을 이어갈 수도 있다. 왜냐하면 부동산이라는 든든한 담보 물건이 있기 때문이다. 대출의 거치 기간이 길다면 그만큼 대출을 신경 써야 하는 횟수가 줄어든다. 단, 거치 기간이 짧아도 이자가 낮아 수익률이 월등히 높다면 거치 기간이 짧은 것을 선택하는 것이 좋다.

3) 최대한 많은 곳을 알아봐라.

세상에 은행은 많고, 지역별 지점은 더 많이 있다. 그런데 지점마다 금리와 조건이 다르기 때문에 가능한 많은 지점을 알아보는 것이 좋다. 똑같은 물건을 두고도 은행마다 지점마다 조건이 다르기 때문에 최소 50곳은 전화해보는 것이 좋다. '어차피 똑같은 조건 아닌가요?'라는 생각은 버려야 한다. 은행의 지점장, 팀장, 직원마다 권한과 유연성이 다르기 때문에 대출금액과 이자율이 모두 다르다.

경락잔금대출
알아보는 방법

1) 물건 인근과 나의 거주지 주변 은행 지점부터 전화하기.

경매로 낙찰을 받고 나서 대출을 알아볼 때 나의 신용도 때문에 1 금융권(주거래은행)은 잘 안 나왔던 기억이 있다. 그래서 제2 금융과 저축은행까지 알아보았다. 어떻게 하면 대출을 조금 더 받을 수 있을까 해서 한 100~150군데 넘게 전화했던 경험이 있다. 내가 가지고 있는 연락처 목록의 대출상담사는 물론 전부 연락했었다.

2) 대부계와 통화해라.

전화 통화는 대부계 또는 대출계 바꿔 달라고 해서 담당 직원에게 경락잔금대출 취급하는지 문의를 해야 한다. 타 부서는 경락잔금 대출에 관련해서 모르는 경우가 많다.

3) 취급한다면 사건번호 말하고 상담받고, 취급 안 하면 끊고 다른 곳에 전화해야 한다.

4) 본인만의 비교양식을 만들어 거치 기간, 변동고정 여부, 연장 여부 등등 작성해 놓는다.

5) 다 정리하여 수익률 좋은 곳을 찾고, 방문하여 자서를 한다.

수익률이 동일 하거나 큰 차이가 없다면 대출금액이 많고 거치 기간이 긴 곳을 선택해야 한다. 이는 초보다운 개인적인 생각이다. 나는 경매 초보이기 때문에 이렇게 하고 있다. 만약 다른 방법이 있어서 경락잔금을 더 좋은 조건으로 받을 수 있다면 그 방법을 선택하길 바란다. 단, 대출이라는 레버리지는 반드시 이용해야 한다고 생각한다.

어떤 물건을
찾아야 하는가?

지역이
중요하다

경매를 첫 입문하는 사람들이 어려워하는 부분이 바로 입찰할 물건을 고르는 방법이다. 우선 임대 수익용 물건과 시세 차익으로 접근할 물건을 정해야 한다. 이 두 가지에는 특별한 공식이 없다. 지금 조달할 수 있는 현금과 투자자의 성향에 차이가 있다. 둘 중 하나를 정했다면 다음은 지역이다. 내가 서울에 살고 있는데 인천이나 다른 지역에 물건이 있으면 관리나 지역의 특성을 모르고 투자를 해서 실수를 할 수 있다.

그렇다고 해서 지방이라 무조건 안 좋은 물건이 있는 것은 아니며, 단순히 성향의 차이가 있을 뿐이다.

예를 들어 투자지역으로 서울을 정했다면 서울 안에서 2~3곳 정도를 집중적으로 지역분석과 상권분석을 연구하는 것이 좀 더 리스크를 줄일 수 있는 방법이다. 그 지역은 본거지와 가깝게 정해두면 지역에 대해 좀 더 정확한 정보를 확인할 수 있다. 월가 역사상 가장 성공한 펀드매니저로 불리는 피터 린치가 자신의 저서인 월가의 영웅에서 상식의 힘과 관련하여 언급한 내용은 이렇다. 1950년대 뉴잉글랜드 지방에 살고 있던 한 소방수가 그 지역에 세워진 템브랜드 공장이 무서운 속도로 확장해나가고 있음을 눈여겨보고, 그는 사업이 번창하고 있지 않고서야 그렇게 급속하게 확장해나갈 수 없을 것이라 생각하고 그 업체의 주식을 2,000달러어치를 샀다. 그 후에도 공장 확장을 거듭하자 그는 5년간 매년 2,000달러 씩을 투자했다. 1972년 은퇴할 무렵 그는 백만장자가 되어 있었다. 따라서 자신이 좋아하는 동네나 아니면 본인에 주거지에 투자처를 정하면 투자에 성공할 확률이 높다.

적은 금액으로도
충분히 시작할 수 있다

금액이 적어도 경매를 할 수 있다. 적게는 500만원에서 1천만원으로도 경매를 통해 부동산을 매입할 수 있다. 물론 어떤 사람은 '금액이 적으면 좋은 물건이 아니다'라고도 생각할 수 있다. 물론 금전적으로 여유가 있으면 그만큼 선택의 폭이 큰 것이지, 금액이 적다고 안 좋은 물건은 아니다. 그리고 은행이나 보험회사에서는 낙찰 잔금을 대출해주는 상품이 있기 때문에 자금이 부족하다고 크게 걱정할 일은 아니다. 또한 얼마든지 적은 금액을 갖고도 성공 투자를 하는 사람들이 많이 있다. 따라서 적은 돈으로 큰 수익을 내는 재테크 수단이 아닌 시세보다 싸게 부동산을 매입할 수 있는 재테크 수단이라고 생각되는 물건을 찾는 것을 추천한다.

이런 물건은
무조건 피해라

리스크가 있는 복잡한 물건은
처음부터 피해라

내가 주변 사람들에게 투자나 실거주 목적으로 추천하지 않는 물건들이 있다. 이런 물건들은 겉으로는 꽤 괜찮아 보인다. 특히 초보자들에게는 가격 측면에서 메리트로 다가오는 경우가 있어서 순간 혹하게 될 수 있다. 하지만 그런 물건을 덜컥 낙찰이라도 받아버린다면 더 이상의 경매투자는 할 수 없게 된다. 이 책은 돈이 많은 사람에게 추천하기보다는 앞으로 경매로 조금씩 투자하는 사람들을 대상으로 썼기 때문에 위험리스크가 큰 물건에는 되도록 접근하지 말라고 하고 싶다. 리스크가 없는 물건이라도 투자 수익률은 꽤 괜찮을 수 있다. 따라서 투자 마인드는 천천히 걸어가서 10년 뒤에 은퇴하는 것으로 잡으면 좋을 것이다.

대출이 안나오는 물건은 피해라

대출은 레버리지이다. 레버리지는 수익률을 극대화해주고 실투자금을 최대한 적게 만들어 큰 부담도 안 가지게 할 수 있다. 예를 들면 1억짜리 물건이라도 1억이라는 거금을 모아서 지불하는 것도 힘들겠지만 레버리지를 활용하면 좋은 수익률과 분산 투자의 힘까지 생길 수 있다. 정부는 지난 2018년 9·13 부동산 대책에서 유주택자의 규제지역 내 신규 주택 구매를 위한 주택담보대출을 금지했다. 1주택자의 경우 이사나 부모 봉양 등 실수요이거나 불가피한 사유가 있을 때는 기존 주택을 2년 안에 처분하는 조건으로만 주택담보대출이 가능하다. 따라서 하지만 경락잔금대출은 경우에 따라 나오는 경우가 있으니 미리 알아봐야 한다. 또한 건축법상 주택으로 분류가 되지 않는 상가의 경우 주택담보대출 규제를 받지 않으니 참고를 하길 바란다.

경매 물건에 따라 대출 자체가 안 되는 경우도 있다. 유치권이나 법정지상권 및 예고등기 등 권리상 하자가 있거나 낙찰 후 분쟁이 예상되는 물건은 금융기관들이 대출을 거부하는 것이다. 시장성이 낮은 지방 부동산의 경우 권리상 하자가 없더라도 물건의 종류나 규모에 따라 대출에 제한이 따르기도 한다.

오픈 상가/유치권/법정지상권/예고등기/지분매각물건 등은 대출이 안 나오니 조심해야 한다. 또한 대항력 있는 임차인의 배당요구일이 없다면 대출이 나오지 않는다. 단, 대항력이 있는 임차인 명도 후 매각기일로부터 6개월 이내에 경락잔금을 받을 수 있다.

■ 입찰진행내용

구분	입찰기일	최저매각가격	결과
1차	2017-03-07	84,000,000원	유찰
2차	2017-04-04	67,200,000원	유찰
3차	2017-05-02	53,760,000원	유찰
4차	2017-06-13	43,008,000원	유찰
5차	2017-08-01	34,406,000원	유찰
6차	2017-09-05	27,525,000원	유찰
7차	2017-10-10	22,020,000원	유찰
8차	2017-11-07	17,616,000원	유찰
9차	2017-12-27	14,093,000원	유찰
10차	2018-01-24	11,274,000원	유찰
11차	2018-03-21	9,019,000원	유찰
12차	2018-04-18	7,215,000원	유찰
13차	2018-05-16	5,772,000원	낙찰
낙찰 5,910,000원(7.04%)/2명/미납			
차순위신고금액 5,780,000원 매각결정기일 : 2018.07.20-차순위매각허가결정			
14차	2018-10-02	5,772,000원	유찰
15차	2018-11-28	4,618,000원	유찰
16차	2018-12-26	3,694,000원	유찰
17차	2019-01-23	2,955,000원	유찰
18차	**2019-02-27**	**2,364,000원**	

표와 사진을 보자. 동대문에서 흔히 볼 수 있는 쇼핑몰의 오픈형 상가 물건이다. 계속 유찰되었고 중간에 미납이 있었다. 대출이 나오지 않는다는 사실을 간과한 초보 투자자들의 모습이 반영된 결과다. 이외에 여러 가지 대출이 안 나오는 물건이 있지만, 대출의 가능 여부를

확인하고 싶다면 법무사나 경락잔금대출을 하는 은행에 꼭 전화해보고 입찰을 하길 바란다. 유찰이 많이 되고 싸서 관심이 갈 수도 있지만, 대출이 안 나오고 하물며 매매도 안 되니 소액으로 투자를 해보려는 경우에는 꼭 피해야 하는 물건이다.

임대/매매가 수월하지 않은 지역의 물건은 피해라

마치 사약이라고 할 수 있다. 임대가 맞춰지지 않는다면 대출까지 잘 받아놓고 매월 상당한 금융비용 즉 이자가 나가기 때문이다. 싸게 낙찰을 받아서 임대를 맞추는 것은 경매의 큰 메리트이다. 하지만 이자만 꾸준히 빠져나가고 공실 기간이 점점 더 길어진다면 초보 투자자는 심적으로 상당한 고생을 할 것이다.

책보다는
실전에서 배워라

경매는 사람을 상대하면서 풀어나가는 것들이 워낙 많다. 임장부터 명도까지 모든 일이 사람을 통해서 풀린다. 그러니 책에 나오는 한정적인 이야기를 파고들기보다는 직접 경험을 해보는 것을 추천한다. 책에 나온 사례는 내가 하려는 투자와 딱 들어맞는 투자로 이어지는 경우가 별로 없다. 특히, 책으로만 공부하게 된다면 다양한 권리분석 공부에만 시간을 빼앗기게 되고 그 문제에서 답을 찾으려고만 한다. 수학에서 덧셈과 뺄셈만 잘하면 되는데 수학올림피아드 대회에 나가는 것과 같다. 어려운 문제를 풀면 인정이야 받겠지만 쉽게 풀리는 간단한 물건도 많기 때문에 초보자들의 경우 쉬운 물건에 투자를 시작하길 바란다.

실제로 경매를 이제 막 공부하는 사람들은 투자를 안 해보고 이리저리 머릿속으로만 생각한다. 하지만 물건들은 언제나 당신을 기다려주지 않는다. 물건을 보는 기간이 많다면 좀 더 알짜배기 물건을 찾을 수 있다. 다시 한번 말하자면 리스크가 없는 물건은 수익률이 적을 것이라는 편견을 버려야 한다.

경매는 반드시
전문가와 함께해라

부동산 투자에는 적지 않은 금액이 들어간다. 리스크를 줄이기 위해서는 반드시 전문가와 함께 투자해야 한다. 카페에 가입하거나 여력이 안 되면 해당 물건의 주변 부동산을 찾아가 자문을 구하는 경우가 있다. 나 또한 책 한 권과 유튜브로 공부를 시작하면서 물건을 찾을 때와 스터디를 하면서 전문가와 함께했을 때 물건을 찾은 것은 지금 비교해도 큰 차이가 있다. 특히, 처음 시작하는 초보 투자자라면 꼭 전문가와 함께하기를 추천한다. 그렇게 되면 물건을 낙찰받고 진행 상황들에 대해서도 큰 문제 없이 진행될 수 있을 것이다.

부동산 매입 및
운영 노하우

원하는 지역을 선정하여 지속해서 방문하는 것이 좋다. 주말에도 가보고 평일에도 가봐야 한다. 시간대를 바꿔서도 가봐야 물건지의 지역적 특성을 확인할 수 있다. 데이트를 하더라도 그쪽 지역에서 하면 좋다. 분위기 상권을 파악하라. 경매사이트에서 검색하여 괜찮은 물건이 생겼다면 임장을 계획적으로 하면 좋다. 그 물건에 대해서 정확히 아는 것이 투자에 대한 리스크를 줄이는 것이고, 계획적으로 해야 빠지는 부분이 없이 조사할 수 있다. 임장은 최대한 하루 만에 끝내려고 하는 습관도 길러야 한다. 시간도 나의 소중한 자산이다. 이 자산을 허투루 쓰지 않길 바란다.

경매로 물건을 낙찰받으면 이것저것 수리를 한 뒤에 임대를 놓아야 하는 경우가 있다. 수리는 임대차보호법에 적용되는 것만 해주는 것이 좋다. 계속해서 무리한 수리를 요청하는 경우에는 임대차보호법관련기준 내용을 전달하고 법원 판결문 사례를 체크해서 알려줄 필요 있다. 그러나 반드시 수리를 해줘야 할 것이라면 뜸 들이지 말고 돈을 들여서라도 얼른 고쳐주는 것이 좋다.

4장

3040
프로젝트
☆30살에 시작하여
40살에 은퇴하기☆

30살에 시작하면 40살에 은퇴

신혼부부라면 경매로
집을 마련해라

신혼부부가 결혼하기 전에 가장 큰돈이 들어가는 것은 바로 집을 구하는 것이다. 요즘에는 서울에서 1억 이하의 집을 찾기는 힘든 시기다. 대부분 부동산에 관심이 없고 재무지식이 없는 사회 초년생들은 먼저 전세를 구하려고 한다. 하지만 전세는 우리나라에만 존재하는 것으로 집주인에게 도움이 되는 것이다. 세입자에게 아무런 도움이 되지 않은 거주 방법이다. 예를 들어 집값이 떨어지면 문제가 없겠지만 집값이 오르면 1년 뒤, 2년 뒤에는 세입자라는 이유 하나만으로 계속해서 전셋값을 올려줘야 하는 것이 현실이다. 신혼집을 구할 전세금이 있다면 당장이라도 경매를 활용하여 집을 마련할 수 있다. 실거주 목적의 부동산이라면 경매사이트에 접속해서 리스트를 보면 생각보다 많은 물건이 당신을 기다리고 있다는 것을 확인하게 될 것이다.

경매로 실거주 목적의 부동산을 취득하는 것은 집값 상승에 대한 차익도 고스란히 투자자가 가져갈 수 있다. 대출도 일반 LTV나 DTI보다는 여유롭게 대출을 받을 수 있다. 물론 이자가 부담될 수도 있다. 그렇다면 전체 금액 중 일부는 실거주 목적의 주택을 사고 나머지 금액은 수익형 부동산에 투자한다면 이자 부분도 절충이 되어서 실소유의

주택구입 목적시 지역별 LTV·DTI 비율
〈담보인정비율〉 〈총부채상환비율〉

① 2주택이상 보유세대 규제지역내 신규구입 주담대 금지(LTV=0)
② 1주택세대 규제지역내 신규구입 주담대 원칙적 금지
  단 예외 허용(이사 · 부모봉양 등 실수요)
③ 규제지역내 공시가격 9억원 초과 고가주택 구입 주담대 금지(실거주 제외)
- -
약정 위반 사례 발생시 동 차주의 주택 관련 대출 3년간 제한

		투기과열지구 및 투기지역		조정대상지역		조정대상지역 외 수도권		기타	
		LTV	DTI	LTV	DTI	LTV	DTI	LTV	DTI
공시가격 9억원 이하	서민실수요자	50%	50%	70%	60%	70%	60%	70%	없음
	무주택 세대	40%	40%	60%	50%	70%	60%	70%	없음
	1주택 보유 원칙	0%	–	0%	–	60%	50%	60%	없음
	1주택 보유 예외	40%	40%	60%	50%	60%	50%	60%	없음
	2주택 이상 보유	0%	–	0%	–	60%	50%	60%	없음
공시가격 9억원 이상	원칙	0%		0%		공시가격 9억원 이하 주택구입시 기준과 동일			
	예외	40%	40%	60%					

※ 공시가격 9억원=시가 약 13억원

출처 : 기획재정부

부동산을 두 개를 가질 수 있으며, 이자에 대한 부분도 크게 부담이 되지 않을 것이다. 종잣돈으로 신혼집을 구하는 예비신혼부부는 경매를 통해 부동산투자의 첫걸음을 떼보는 것을 추천한다. 그림을 보면 이해가 쉽게 될 것이다.

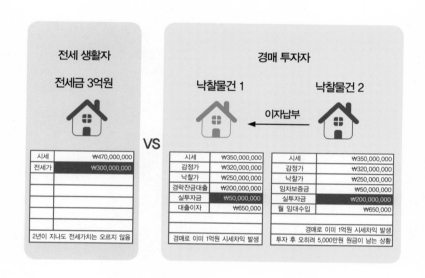

전세 생활자	
전세금 3억원	
시세	₩470,000,000
전세가	₩300,000,000
2년이 지나도 전세가치는 오르지 않음	

VS

낙찰물건 1		낙찰물건 2	
시세	₩350,000,000	시세	₩350,000,000
감정가	₩320,000,000	감정가	₩320,000,000
낙찰가	₩250,000,000	낙찰가	₩250,000,000
경락잔금대출	₩200,000,000	임차보증금	₩50,000,000
실투자금	₩50,000,000	실투자금	₩200,000,000
대출이자	₩650,000	월 임대수입	₩650,000
경매로 이미 1억원 시세차익 발생		경매로 이미 1억원 시세차익 발생 투자 후 오히려 5,000만원 원금이 남는 상황	

이자납부

전세금 3억 원이라는 큰돈을 그대로 활용하지 못하고 계속 생활한다고 가정해보자. 2년 뒤에 전세금을 올려줬으면 올려줬지 자산이 증가하는 것은 아닐 것이다. 그러나 3억 원이라는 돈을 경매 물건에 투자하여 낙찰받은 신혼부부를 생각해보자. 시세 3억5천만 원짜리 아파트에서 실거주하면서 신혼생활을 하고 매월 대출 이자 65만 원은 낙찰받은 물건 2에서 나오는 월세로 그대로 상계시킨다. 이렇게 투자하면서

도 오히려 5천만 원이라는 현금이 수중에 남게 되고 자산은 3억에서 5억 원 이상으로 급격하게 상승하게 된다. 낙찰 물건의 수를 늘릴 수도 있고 줄일 수도 있으며 수익률을 고려하여 다양한 부동산 포트폴리오 구성이 가능해진다.

투자지역은 어떻게
선정해야 할까?

대부분의 초보 부동산 투자자들이 걱정하는 것은 그렇다면 어떤 지역에 투자해서 수익을 올릴 것인가이다. 투자지역을 선정하려면 집값이 타지역보다 떨어지지 않을 지역을 선택하면 좋다. 서울을 예를 들면 강남쪽 중심으로 해서 외곽으로 빠질수록 집값이 낮다. 집값이 높다는 의미는 집값이 타지역에 비해 떨어질 확률이 적다는 것이다. 집값이 떨어질 확률이 낮다는 의미는 반대로 상승 확률도 높다는 것이다. 따라서 자신의 현금 가용범위를 생각하고 서울 중심의 부동산에 투자하는 것을 추천한다.

그렇다고 해서 지방의 물건이 안 좋다는 것은 아니다. 현재 지방에

거주하고 있다면 지방에서도 중심지역이 있다. 그 지역을 선정해서 부동산에 자주 다니는 것을 추천한다. 그러면 그 지역에 시세를 알 수 있고, 정확한 정보를 토대로 리스크가 없는 투자를 할 수 있기 때문이다.

대출을
두려워하지 마라

현금 1억을 모두 부동산을 구매하는 데 사용하면 아주 높은 연수익률인 10%를 가져온다고 가정을 했을 때 1년에 1,000만 원을 벌 수가 있다. 하지만 레버지리를 이용한다면 2천만 원만 들어가게 해서 나머지 80%를 대출을 받게 된다면 1억으로 5채의 부동산을 취득할 수 있다. 주거용 부동산에 대한 대출은 투기지역에 막혀 있을 수 있지만, 수익형 부동산은 대출에도 용이하니 레버리지를 극대화하는 것을 추천한다. 대출도 능력이다.

다양한 인맥을
쌓아라

　부동산을 여러 채 취득하면서 느꼈던 점은 사업성을 가지고 있는 부동산들이 있다는 점이었다. 예를 들면 경매로 나온 펜션 물건이나 편의점 물건 등이다. 본인이 취득한 부동산에 사업성을 더하면 수익률은 무한대로 늘어날 수 있기 때문이다. 다양한 인맥을 쌓아둔 상태라면 그러한 그림이 그려질 것이다. 따라서 다양한 인맥을 쌓아서 취득할 부동산을 단순히 월세 받는 개념에서 수익성을 만들어 주는 사업화 전략도 상당히 좋은 투자 방법이다. 또한, 부동산은 각자의 입맛에 따라서 매매가 되거나 임대가 나갈 수 있다. 다양한 인맥이 있다면 다양한 입맛도 알 수 있는 것이다. 실제로 입찰을 하기 전에 실수요자를 먼저 찾은 뒤에 경매로 낙찰을 받는다면 나중에 매매가 안 되어 걱정할 일은 없을 것이다.

꾸준한 투자
계획을 세워라

투자는 한 번으로 끝난다면 우리가 원하는 3040 프로젝트로 가는 은퇴의 길은 만들기 힘들다. 운이 너무 좋아서 단번에 5천만 원의 수익을 올렸다고 하더라도 그 금액으로는 회사를 나와서 오래 버티지 못할 것이다. 따라서 자신이 원하는 월 수익률을 만들기까지는 현금의 유동화를 만들어 두고 지속적인 투자가 필요하다. 시작하는 투자금이 적다면 그만큼 시간이 길어지겠지만 결국에는 40살 이전에 은퇴할 수 있는 발판이 될 수 있다.

5장

경매는
경제적
자유로 가는
가장 빠른
길이다

경제주

자유

가장빠르

길이다

청약통장 먼저
해지해라

살면서 부동산 투자로 일생일대의 한 방을 노리기 위해 청약을 준비하는 사람들이 주변에 많다. 청약 통장을 활용해서 조금이라도 저렴하게 주택을 사서 실거주를 한다면 투자와는 성격이 다를 수 있다. 물론 분양을 받고 실거주를 하더라도 가격이 많이 올랐다면 매도하고 또 다른 주택으로 이사를 할 수도 있다. 그래서 청약 당첨은 로또 당첨이라고 한다. 청약 통장을 해지하지 못하는 이유는 혹시 모를 분양으로 인해 돈을 벌 기회를 놓치는 것 아닌가라는 생각 때문이다.

분양은 무조건 돈을 번다는 착각이 만든 오해의 결과물이다. 물론 실제로 좋은 지역에 분양을 받아서 상당한 부동산 시세차익을 얻은 사람도 있다. 하지만 아파트를 분양받고 마이너스 프리미엄이 생긴 곳도 꽤 많다. 언론에 노출이 안 된 것뿐이다. 또한 과거에도 분양 후 가격이 올랐다고 해서 앞으로도 오를 것이라는 기대를 하는 것은 요즘 상황에서는 무리수다. 분양가가 한번 올라간 지역의 주변에 새롭게 지어진 곳은 분양가가 그만큼 올라갈 수밖에 없다. 분양은 싼 가격으로 무조건 판매하는 것이 아니다. 분양으로 돈을 버는 사람들은 토지를 매각한 사람, 그리고 건물을 올려서 판매하는 시공사와 시행사. 일반인들은 잔뜩 낀 거품과 프리미엄이 붙은 주택을 매수하게 되어 경매와 비교했을 때 상당히 아쉬운 투자를 하게 된다. 청약은 결국 물건을 판매하는 거래방식인 것이다. 판매자들은 수요가 많은 곳에 싼 가격으로 내놓지 않기 때문이다. 또한 청약 물량을 조절하고 전체 입주 물량의 소수만을 오픈하여 일부러 사람들이 몰리게 하는 수준 높은 마케팅 기법도 숨어 있다. 청약을 해지하지 않고 기다리면서 주택 투자를 못 한다면 그동안의 기회비용도 날린 것이 된다. 나는 청약통장을 해지하고 여기서 생긴 돈과 시간으로 경매 투자를 한다. 그리고 매월 현금흐름을 만들어 낸다. 따라서 경매를 시작하려는 초보 투자자들은 청약 통장 먼저 없애고 경매 투자를 위한 종잣돈으로 활용하길 바란다. 고분양 아파트를 사지 말고 경매 물건으로 집을 마련하는 것을 추천한다. 경매로 구매를 하면 대출 한도도 일반 주택담보대출보다 더 높다는 사실을 기억하길 바란다.

왜 부자가 되려고 하는가. 아마 사람마다 모두 그 목적이 다르고 목표도 다를 것이다. 그러나 모두 "경제적으로 넉넉하게 살면서 내가 하고 싶은 것 하고 살고 싶다."라는 공통점이 있다. 경제적으로 어떤 상황이어야 부자가 될 수 있는지 알아보자.

대부분의 사람은 이렇게 이야기한다.
"부자라면 그래도 한 20억 정도 있어야 하지 않을까?"
"나는 한 50억 정도는 있어야 하지 않을까 싶네.."

보통 부자를 머릿속에 떠올리면 자산이 얼마 정도 있으면 부자라는 대답이 돌아온다. 실제로 20억~50억이 있으면 산술적으로는 부자가 맞다. 그러나 자산이 많은 것과 경제적으로 넉넉하게 살면서 하고 싶은 것, 먹고 싶은 것을 먹을 수 있는 부자는 조금 다른 개념이다.

"50억이면 마음대로 써도 평생 다 못 쓸 것 같은데?"라고 반문하는 사람도 있을 수 있다. 그렇다. 대단히 큰돈이다. 그러나 그런 자산을 가지고 있어도 가난하게 사는 가짜 부자들을 우리 주변에서 흔히 찾아볼 수 있다.
김형호 씨는 강남에 살고 있고 거주 중인 아파트 시세는 약 15억 정도로 대출도 없는 상태이다. 외벌이 부부로 아내는 주부이고 본인 월급 500만원 정도로 생활을 하고 있다. 김형호 씨는 나이가 있어 조만간 회사를 나오게 될까 봐 걱정을 많이 하고 있다. 아이들과 아내는 현재 사는 집이 너무 마음에 들어 이사 갈 생각은 없고 본인도 여기에 적응돼서 이사 갈 생각은 없다. 그래서 회사를 그만두면 재취업을 해서 아이들 대학 졸업하고 결혼할 때까지 월급이 필요한 상황이다.

최규진&서민희 부부는 분당에 사는 맞벌이 공무원 부부다. 월수입 700만원 정도로 풍족하진 않지만 사는 데 큰 문제는 없는 부부이다. 서울에 재건축 예정지인 아파트를 대출과 전세 끼고 사놓은 상태며, 경기도에 미래를 보고 땅을 좀 사놓았는데 추후 시세차익을 기대하고 있다. 재건축, 땅 사는데 대출을 받았고 그 이자를 내는 게 조금 부담스러운 상황이지만 사는 데 문제는 없는 정도이다. 공무원 부부를 보면서 부자라고 생각할 수도 있고 아닐 수도 있다.

하나 더 예를 들어보자. 박형안 씨는 수원에 살고 있고 상가와 원룸 등에 투자하여 월 1,500만원 정도를 월세로 받고 있다. 원룸 건물 꼭대기 주인 세대로 살고 있고 골프를 좋아해서 매주 한 두번씩은 필드에 나간다. 와이프는 취미로 조그마한 카페 하나를 운영하고 있다. 매월 나가는 운영비 빼고 용돈 수준 정도를 버는 상태고, 아들은 서울에서 학교에 다녀서 원룸을 하나 얻어 주었다. 박형안 씨는 공인중개사를 하고 있는데 직원들 위주로 운영을 하고 본인은 가끔 관리하는 식으로 해서 공인중개사 일로는 크게 돈벌이가 되지는 않는 상황이다. 그러나 매월 들어오는 1,500만원으로 충분히 즐겁게 생활하고 있다.

이 세 명은 모두 가상의 인물이다. 대략 15억 정도 자산이 있는 분들을 가정하고 상상해 보았는데 우리 주변에는 이런 비슷한 분들이 많고 독자분들 중에서도 이런 분들이 있을 것이다. 그럼 누가 부자일까?
아마 대부분 3번째분을 뽑았을 것이다. 우리는 이미 답을 알고 있다. 부자란 하고 싶은 일을 하면서 먹고 싶은 것, 사고 싶은 것을 마음대로 하는 것이라고 말이다. 부자는 절대로 자산이 많은 사람이 아니다. 부자는 매달 들어오는 현금이 많은 사람이다.

10억을 은행에 넣으면 이자가 얼마나 붙을까?
2%이자라고 치면 연간 2,000만원이고 매월 166만원이다.

10억을 6% 정도 수익률이 나오는 상가를 사면 얼마나 벌까?
연간 6,000만원이고 매월 500만원이다.

10억을 15% 수익률 나오는 곳에 투자를 하면 얼마나 벌까?
연간 1억5천만원이고 매월 1,250만원이다.

이렇듯 자산이 많은 것이 중요한 것이 아니라 내 돈이 어디에 들어있는지가 중요하다. 그러나 우리나라 사람들은 다르게 생각한다. '조만간 재개발된다더라' 하면서 몇십년간 돈을 묻어둔다. 그동안은 얼마 안 되는 월급으로 근근이 살면서 말이다. 황금알을 낳는 거위가 있다. 어떤 사람은 황금알을 매일 시장에 내다 팔아서 즐겁게 사는 사람이 있고, 어떤 사람은 황금알을 낳는 거위를 팔아서 돈을 버는 사람이 있다. 진짜 부자는 황금알을 낳는 거위를 잘 보살펴서 매일 매일 황금알을 캐는 사람이다. 시세차익이 아닌 현금흐름에 집중하라는 말이다. 내 자산이 얼마인지는 중요하지가 않다. 그 자산이 올바른 곳에 투자되어 있어서 꾸준한 현금 유입이 된다면 그것이야말로 부자이다.

10년, 20년 뒤 부자가 될 꿈을 가지고 지금 하기 싫은 일을 하고, 먹고 싶은 것을 못 먹고, 사고 싶은 것을 못사는 것이 부자가 되는 길이 아니라는 이야기다. 생각을 바꿔야 한다. 자산은 많은데 매달 들어오는 현금흐름이 없으면 가짜 부자이다. 자산을 현금흐름이 많이 들어오는데 투자를 해서 매달 풍족한 돈이 들어오는 사람이 진짜 부자이다. 진짜 부자가 된 후 그 뒤에는 어떤 식으로 투자하든지 상관이 없다. 그러나 선, 후를 바꾸어 투자를 하게 되면 그 과정이 너무나 괴롭고 힘이 들 것이다.

생각을 바꾸어야 한다. 특히 일반 직장인들은 더욱더 그렇다. 하기 싫은 일, 가족을 버려야 승진할 수 있는 일, 아이가 커가는 모습을 보기는커녕 아이들과 점점 멀어질 수밖에 없는 일을 위해 내 인생을 낭비하는 것은 안된다. 월급을 대체할 투자를 하고, 가족들과 즐거운 삶을 살면서 더 큰 부자가 되려고 노력해야 한다. 상담을 하면 많은 사람들을 만난다. 이미 부자인 분들이 많이 있다. 그러나 대부분 가짜 부자들이다. 재산이 7~8억이 되어도, 생활비를 걱정하는 분들이 많이 있다. 잘못된 투자를 하면 안된다. 자산이 그동안 자산을 상당히 모았는데, 생활형편은 생각만큼 나아지지 않았다면 깊은 고민을 해보길 바란다.

권리분석에
시간을 뺏기지마라

초보자들의
실수

경매는 시간과의 싸움이다. 누구보다 먼저 물건을 찾고, 임장활동을 통해 물건에 대한 정확한 정보를 얻고 마지막에 법원 입찰장에 가서 입찰하는 것이다. 하지만 많은 초보자들은 권리분석에 시간을 빼앗기고 혹시나 문제가 생길까 봐 권리분석에 병적으로 집착하는 경우가 있다. 하지만 앞에서도 설명했듯이 경매정보지에는 기본적인 정보가 다 들어있기 때문에 그 안에서 문제가 되는 것만 피하면 권리분석상에 문제가 없는 물건들이 넘쳐난다. 특히 권리분석상에 문제가 있어서 그것을 해결한다고 큰 수익이 나온다는 보장도 없다. 엄청난 시간과 노력을 들여 공부하고 분석하여 권리분석을 했다고 하더라도 패찰 하는 경우도 많다. 따라서 초보 투자자들의 경우 권리분석을 할 시간에 한 번이라도 더 임장을 가는 것을 추천한다.

배당 순서에 대한 흐름만 익혀도 충분히 리스크를 줄일 수 있다

권리분석은 배당 순서의 흐름만 이해해도 상당한 리스크를 줄일 수 있다. 다음의 표를 살펴보자.

낙찰자 부담금에 대한 배당 순위표

배당 순위	배당 채권 및 내용
1	경매 비용(법원에서 경매를 진행하는 데 소요된 비용)을 먼저 떼고
2	최우선 변제(**소액임차인**, 체불임금)
3	당해세(국세: 상속세, 증여세, 재평가세 / 지방세: 재산세, 자동차세, 도시계획세, 종합토지세)

4	**우선 변제**(저당권, 전세권과 같은 담보물권, 확정일자인 임차인, 당해세 이외의 세금의 법정기일)
5	일반 임금 채권
6	담보물권보다 늦은 조세 채권
7	의료보험료, 산업재해보상보험료, 국민연금보험료
8	일반채권

1. 경매 비용 - 최고 순위인 경매 비용은 경매를 실행하는 데 있어 필요한 각종 공익비용을 말하며 감정평가 비용, 집행 수수료, 우편송달 비용, 신문공고료, 인지대 등이 있다. 또한 비용상환채권인 필요비와 유익비에 포함되는 비용을 매각대금에서 우선변제를 한다.

2. 최우선변제금으로는 소액임차보증금, 최종 3개월분의 임금과 재해보상금, 최종 3년간 퇴직금 등이 있으며, 모두 동순위로 배당금이 부족할 경우 안분배당이 이루어진다.

3. 당해세는 해당 부동산에 대해 부과된 국세나 지방세를 말한다. 예를 들면 경매 진행된 부동산에 상속세, 증여세, 종합부동산세, 재산세, 토지세 등이 있는 경우 그 세금이 먼저 배당이 된다. 이 부분은 경매정보지에서 잘 확인이 안 나온다. 하지만 그 금액이 거

의 없는 경우가 대부분이고 있는 경우에도 미비하기 때문에 정확하게 확인하려면 본 물건지의 세무서나 채권자에게 연락하여 확인하는 것을 추천한다.

최우선변제금 적용 범위 및 금액 변경 내용

지역		최우선변제 적용 보증금		최우선변제금	
		현행	개정	현행	개정
1호	서울시	1억원 이하	1억 1천원 이하	3,400만원 이하	3,700만원 이하
2호	과밀억제권역, 용인·세종·화성	8,000만원 이하	1억 이하	2,700만원 이하	3,400만원 이하
3호	광역시, 안산·김포·광주·파주	6,000만원 이하		2,000만원 이하	
4호	그 밖의 지역	5,000만원 이하		1,700만원 이하	

자료출처 : 법무부

최우선변제란?

주택임대차보호법에 의하여 임차 주택의 경매 시 소액임차인의 보증금 중 일정액을 다른 담보물권자보다 우선하여 변제받을 수 있는 권리를 말한다.

다른 부분들은 전입일 또는 저당권이 잡힌 날짜에 대한 순서를 확인하면 되기 때문에 날짜만 확인하면 된다. 권리분석 내용만 제대로 다뤄도 한 권의 책으로 모자랄 수 있다. 그러나 경매 초보자들은 어려운 특수물건을 입찰하는 것이 아닌 권리분석이 아주 간단한 일반 물건에 투자하기 때문에 쉽게 시작하길 바란다. 책에서는 가볍게 권리분석을 하는 것을 추천하고 있다. 조금 더 자세한 권리분석에 대한 확인이 필요하면 좀 더 공부해보는 것을 추천한다. 단 너무 많은 시간을 권리 분석에 빼앗기는 실수를 하지 않길 바란다.

책 한권만
읽고 시작해라

부동산 투자를 이제 막 시작하거나 경매 투자에 관심이 생긴 사람들이 잊지 말아야 할 중요한 사실이 하나가 있다. 부동산 경매가 왕도만은 아니라는 것이다. 경매 말고도 다양한 부동산 투자로 수익을 만들수 있다. 그리고 경매는 노력과 고통 없이 일 순간에 수백 배의 투자수익을 올릴 수는 없다는 사실이다.

그러나 그동안 만나온 부동산 투자 초보자들을 떠올려보면 노력 없이 그냥 막연히 높은 수익을 얻기를 바라거나 심지어 아주 빠른 시간 안에 결과물을 얻기를 원하기도 했다. 정작 투자 초보인 자신들이 어느 정도 공부를 하면서 투자를 진행해야 하는데 그냥 기다리면서 물건을 찍어주기만 바라는 경우가 많다.

부동산경매 투자를 성공적으로 해내기 위해서는 부지런히 매물 분석을 해야 하고, 많은 경매 테크닉을 공부해야 하며 실수를 통해 성공으로 가는 방법을 익혀야 한다. 경매 공부는 쉬운 것부터 시작해야 한다. 모든 투자 분야가 그렇지만 부동산 경매 역시 높은 수익을 창출하기 위해서는 경매에 관한 다양한 지식을 꼼꼼하고 착실히 익혀 내공을 쌓아야 한다. 경매 공부를 시작하기 위해 책을 고를 때 가장 중요하게 살펴야 하는 것은 자신의 수준에 맞지 않는 책을 골라 고통스럽게 읽어가는 수고를 피해야 한다는 것이다. 어렵고 딱딱한 내용을 다룬 책보다는 약간의 재미 또는 그림 위주의 책들을 정독하는 경우가 많다. 만일 경매 초보자가 심도 있는 권리분석에 대한 책을 읽거나, 경매 판례를 분석하고 배당원리를 설명한 책을 읽는다면 금방 지치고 싫증나게 된다. 그렇다고 해서 경매 관련 서적 몇 권을 읽었다고 해서 경매 고수가 될 수는 없다.

경매는 위험하지
않은 투자방법이다

사람들에게 주식투자 해보는 것이 어떻겠냐고 물어본다면 돌아오
는 답변은 '위험해서 못한다'이다. 그렇다. 그럼 다른 투자 상품에 돈
을 넣어두는 것은 어떻겠냐고 물어본다면 돌아오는 답은 달라질까? 마
찬가지로 '위험한 걸 왜 해'라는 답을 할 것이다. 경매는 어떨까? 사람
들은 '경매는 위험한 거잖아.'라고 이야기할 것이다. 과연 경매 투자는
위험한 것일까? 경매는 수학 공식을 푸는 게임과 같다. 게임을 풀어가
는 수식이 존재하고 수식만 알고 있다면 간단히 숫자를 대입해 풀어갈
수 있다. 문제는 수학 공식을 외우려고 하는 것이다. 어려운 권리분석
과 명도소송, 강제 집행 등 어려운 문제를 풀어야만 경매 고수라는 인

정을 받을 것이라고 생각한다. 나는 경매에서 가장 쉬운 산수 문제 먼저 계속 풀어보라고 권하고 싶다. 산수 문제만 잘 풀어도 충분히 부자가 될 수 있다. 유료 경매 정보지에 나오는 아주 간단한 권리분석을 통해 소액으로 당장 투자를 해서 수익을 만들 수 있다. 그러나 좋은 물건을 찾는 노력은 스스로 해야 한다. 투자해서 위험한 것이 아니라 위험이 무엇인지 모르기 때문에 위험한 것이다. 위험 요소가 무엇인지 알게 되면 더 이상 위험이 아니다. 경매도 마찬가지다. 경매를 공부만 했지 실제 투자해보지 않는 것이 가장 위험한 투자다.

경매가 **어렵다고**
느껴지는 **이유**

경매가 어렵다고 느껴지는 이유는 용어와 공부하지 않아도 되는 부분을 계속 공부하기 때문이다. 앞에서도 이야기했지만, 책에서는 경매 용어를 심도 있게 다루지 않았다. 물론 맨 뒷장에 경매 용어를 정리해 두었지만, 책에서 이야기하고 싶은 부분은 경매 투자를 해보면서 배우라는 것이지 경매에 대한 정보전달이 목적이 아니다. 아무리 많은 용어를 알고 있고 정확한 표현으로 외우고 있다 한들 무슨 소용인가. 직접 발품을 팔고 물건을 찾아서 투자하는 일련의 프로세스가 더욱 중요하다. 실천과 실행만이 결과를 만들고 수익을 만든다. 사람들은 투자할 때 수익률 높은 물건에만 투자하려고 한다. 그러나 투자 수익률을 높이는 것은 바로 자신이다. 얼마나 부지런히 물건을 찾고 정보를 얻어 내서 적당한 가격에 입찰하는지에 달려있기 때문이다. 경매가 어렵다고 느껴진다면 전체적인 흐름만 이해하고 주변의 전문가 또는 인터넷 카페에서 도움을 받는 것을 추천한다. 경매 관련된 강의도 많고 도움을 주는 업체도 많으니 일단 책을 읽고 나면 시작하길 바란다.

6장

실전명도
4가지
사례

　　명도는 점유자를 내보내고 부동산을 인
도받는 행위이다. 명도가 어렵다고 느껴지
는 부분 때문에 경매를 포기하는 사람들이
많다. 그러나 경매는 사람과의 문제를 풀어
가는 일이고 어떠한 문제도 풀어갈 수 있다
는 자신감만 있으면 쉽게 해결할 수 있다.
다음의 사례를 통해서 명도의 두려움을 떨
치고 자신감을 가질 수 있는 기회가 되길
바란다.

경기 광주 빌라
명도 사례

명도확인서가
명도를 해결해준다

"안녕하세요. 낙찰자입니다."

낙찰을 받고 잔금을 치른 후에 본격적으로 명도를 하기 위해서 물건

지에 찾아갔다.

(딩동) 눌렀더니 안에 점유자 와이프분이 계셨다.

"네 안녕하세요. 들어오세요."

이런저런 상황을 듣고,

"이사 날짜도 배당금만 받으면 바로 비우겠습니다."

이게 무슨 횡재인가 싶었다.

하지만 이 물건은 공담물건으로 다른 물건들까지 모두 잔금이 납부되어야 배당기일이 잡힌다는 것이었다. 법원 경매계에 전화를 걸었더니 다른 낙찰자는 잔금을 납부하지 않겠다고 해서 방법을 찾아야만 했다. 그리고 다시 점유자를 만나러 갔다.

"다른 호수들이 미납처리 될 예정이라서 배당기일이 좀 늦어질 것 같아요."

"이사 날짜를 기다리고 있는 상황인데 큰일 났네요…"

이사 날짜를 잡은 상황이면 계약금까지 넣어둔 상황이었고, 잔금을 치를 돈만 약간 남았을 것이라는 생각이 들어 협상이 가능할 것으로 생각했다.

"배당기일은 늦어지지만, 이사도 하시고, 제가 명도확인서를 드려야 배당을 받으실 수 있어요."

"제가 당신을 어떻게 믿고 먼저 이사를 갑니까?"

"우선 법원에 전화를 해보셔서 내용을 확인해보세요. 000-000-0000입니다."

다음날 점유자에게서 다시 전화가 왔다.

"이사 날짜는 00월 00일에 할 테니, 그날 명도확인서를 주셔야
　합니다. 꼭."

나의 첫 명도는 이렇게 쉽게 끝났다. 사실 명도에 대한 막연한 불안
감이 있었는데 모든 협상이 잘 풀리고, 공과금까지 싹 정리하고 명도
비도 나가지 않았다. 배당기일이 늦어지거나 점유자가 이사 날짜를 못
잡는 경우에는 낙찰자에겐 가장 큰 무기인 명도확인서가 존재한다.

명도 시 세입자 3가지 분류

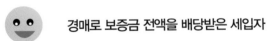

경매로 보증금 전액을 배당받은 세입자

경매로 보증금 일부만 배당받은 세입자

경매로 보증금을 한푼도 배당받지 못한 세입자

경매로 인해서 보증금 전액을 받은 세입자와 보증금 일부라도 배당받은 세입자는 낙찰자가 크게 신경 쓰지 않아도 된다. 왜냐하면 이들이 법원에서 배당을 받으려면 낙찰자의 '인감증명서'와 인감이 날인된 '명도확인서'가 필요하기 때문이다. 두 개의 서류를 법원에 제출해야 배당을 받을 수 있다. 그렇다고 낙찰자가 너무 '갑'의 행세를 할 필요는 없다. 경매로 보증금을 한 푼도 배당받지 못한 세입자의 경우에는 참으로 안타까운 처지가 되었다. 그래도 어쩔 수 없이 세입자를 내보내야 하기 때문에 협의를 보는 것이 좋다. 세입자(임차인)가 죽어도 못 나가겠다고 버티는 경우에는 이사비를 줄 테니까 나가 달라고 요구하고 그래도 안 되면 계고장을 붙여서 진행한다. 계고장은 의무 이행을 촉구하는 문서이다. 계고장을 보면 보통 2주 이후에 강제 집행할 예정이라고 적혀 있기 때문에 집을 비워줄 수밖에 없게 된다.

평택 상가
명도 사례

상대방의 상황을 이해하면
명도가 쉬워진다

"안녕하세요. 낙찰받은 사람입니다. 이사계획에 대해서 듣고 싶어 전화드렸습니다."

"벌써 낙찰이 되었나요? 아직 알아보는 중인데 시간을 좀 주세요."

"그럼 이번 달까지 알아봐 주시고, 시설도 다 해체를 해서 정리를 해주세요."

"네 알겠습니다."

유제품을 납품하는 업체인 이 상가 안에는 상업용 냉장고들이 설치되어 있었다.

이 점을 잘 살리면 내가 유리한 쪽으로 재계약을 끌어낼 수 있다는 생각이 들었다.

설치되어있는 냉장고는 타 장소로 이동할 수도 없고, 다시 설치한다면 1천만 원 이상의 비용이 들어가는 것을 알고 있었다.

며칠 뒤에 다시 전화가 왔다.

"안녕하세요. 평택 OOO 상가 임차인입니다."

"네. 안녕하세요. 생각은 해보셨나요?"

"네. 지금 바로 옮길 수도 없는 상황이니 계약을 하겠습니다. 대신 임대료를 조금만 깎아주시면 감사하겠습니다. "

"네. 알겠습니다. 그럼 금액을 좀 절충해서 계약하는 거로 하시고, 시간 맞춰 계약서 작성해서 방문하도록 하겠습니다."

이처럼 현재 상가에 대한 부분을 이해하고, 명도할 대상에 대한 이해가 있으면 명도는 생각했던 것보다 수월하게 진행할 수 있을 것이다.

숭의동 오피스텔
유치권 사례

사장님은 유치권이 성립되지 않아요
500만원도 못받게 됩니다

특수물권은 내가 잘 해결 할 수 있는 부분이라면 큰 수익을 올릴 수 있는 물건이 된다. 본 물건은 오피스텔 현관문에 유치권 신고라는 글이 붙어 있었다. 하지만 유치권이 성립되지 않는 상황임을 권리분석을 통해 인지하고, 낙찰을 받은 후 명도를 한 케이스이다.

"안녕하세요. 숭의동 OOO 오피스텔을 받은 낙찰자입니다."

"네. 안녕하세요. 저는 이 오피스텔 호수에서 공사대금을 받지 못한 상태입니다."

"네. 사장님. 못 받으신 금액이 어떻게 되시나요?"

"5천만 원입니다."

"네. 알겠습니다. 사장님. 하지만 이 공사대금은 유치권행사로 돌려받을 수 없으신 물건입니다. 제가 사장님께 500만 원을 드릴 수 있는데, 사장님께서 나가지 않으시면 강제집행을 해서 사장님께서는 500만 원을 받으실 수도 없으십니다."

며칠 뒤 유치권자에게 다시 연락이 왔다.

"저도 몇 년 동안 받지 못하고 이것 때문에 스트레스가 이만저만 아니었습니다. 유치권 비용으로 500만 원을 주시면 나가겠습니다."

유치권 물건이라고 명도가 큰돈으로만 해결되는 것은 아니다. 명도는 사람과 사람의 대화로 풀어가는 것이기 때문에 잘 협상하여 조율만된다면 적은 금액을 투자하여 높은 수익을 기대할 수 있다.

후암동
다세대 주택 사례

> 좋은 제안이 온다면
> 제안을 수락해라

　명도를 하다 보면 가장 어려운 사람이 경매에 대해 지식이 없어
모르쇠로 나오는 사람이다. 하지만 후암동 다세대 주택은 경매에 대한
지식이 어느 정도 있으신 분이었다. 잔금을 납부하고 법원기록열람을
하여, 점유자의 연락처를 알고 전화를 하였다.

　"안녕하세요. 후암동 OOO 빌라를 낙찰받은 사람입니다."

"네. 안녕하세요."

"이사 날짜를 듣고 싶어 연락을 드렸습니다."

사실 이분은 전세금을 500만 원을 현금으로 올려서 전세권을 가지고 있지만 500만 원 올라간 부분에 대해서는 받을 수 없는 상황이었다. 권리분석을 통해서 충분히 확인할 수 있는 부분이다.

"저는 이미 이사를 한 상태이고, 이사비 100만 원을 주시면 집을 내어 드리겠습니다. 또한, 안에 세탁기, 냉장고, TV 등이 있어 필요하시다면 같이 드리겠습니다."

강제집행 비용과 그 기간 동안 이자 나가는 부분을 생각한다면 100만 원이 훨씬 넘는 금액이 들어야 하는 상황이었다. 또한 풀옵션으로 임대를 내놓는다면 월세를 좀 더 받을 수 있는 상황이었다.

"네. 그러면 만나서 협의를 하시는 쪽으로 하시죠."

다음날 만나서 서로의 내용을 이해한 후 70만 원의 명도비가 나왔으며, 모든 옵션까지 받을 수 있는 상황이 되었다.

이처럼 좋은 제안이 온다면 수락을 할 수 있어야 하고, 강제집행과 이자 비용이 얼마만큼 들어갈지도 생각해두고 명도 협상을 시작하는 것이 좋다.

글을 마치며

나는 재경사(재테크로 경매하는 사람들)라는 스터디에서 처음부터 지금까지도 꾸준히 공부하고 있다. 스터디에서 다루는 내용이 궁금하거나 경매에 대한 실전 스터디가 필요하다면 카페에 들어와서 작성된 글을 참고해보는 것을 추천한다. 또한 개인 메일이 있으니 투자 방향이나 자문을 구하고 싶은 부분이 있다면 언제든지 연락을 해도 좋다. soohun33@naver.com

별첨

경매
용어정리
서식
사이트추천

경매
용어
정리

경매용어 정리

가압류

금전 채권이나 금전으로 환산할 수 있는 채권에 대해 장래에 실시할
강제 집행이 불능이 되거나 현저히 곤란할 염려가 있는 경우에 미리
채무자의 재산을 압류하여 확보함으로써 강제집행을 보전함을 목적으
로 하는 명령 또는 그 집행으로써 하는 처분을 말함.

가등기

본 등기를 할 수 있을 만한 절차법적 요건을 완비하지 못한 경우에 장
래 그 요건이 완비될 때에 행해질 본등기를 위해 미리 그 순위를 보전
해두는 효력을 가진 등기를 말함.

가처분

금전채권 이외의 특정물의 급여, 인도, 기타 특정의 급여를 목적으로
하는 청구권의 집행, 보전을 목적으로 하며 혹은 쟁의 있는 권리관계
에 관하여 임시의 지위를 정함을 목적으로 하는 재판 혹은 그 재판으
로서 행하는 처분을 말함.

감정평가

감정평가기관이 집행법원의 평가 명령에 따라 부동산의 가치를 금액

으로 환산하는 것을 말함.

강제경매
채무자의 부동산 또는 선박을 압류 후 환가하여 그 매각대금에서 압류 채권자나 배당요구 채권자의 채권 만족을 얻을 목적으로 하는 강제집 행 절차를 말함.

임의경매
채권자가 저당권, 전세권, 가등기권 등에 의한 담보물건을 금전으로 환 가받기 위해 부동산 소재지의 관할법원에 매각을 의뢰하는 것을 말함.

공동입찰
2인 이상이 출자하여 입찰하는 것을 말함.

공유자우선매수권
공동소유로 인해서 지분이 나눠진 부동산의 일부가 경매신청이 되었 을 경우 소유권 분쟁을 방지하기 위해 공유자는 집행관이 매각 기일을 종결시키기 전까지 매수 청구를 할 수 있는 권리를 말함.

공유
여러 명이 같은 부동산의 소유권을 분량적으로 분할하여 소유하는 공동 소유의 형태를 말함.

개별매각

대지 한 필지, 건물 한 동 등 개별적인 부동산에 대해 감정한 후 각각의 물건에 대해 최저매각가격을 정하여 매각하는 방법을 말함.

일괄매각

여러 개의 부동산의 위치, 형태, 이용관계 등을 고려하여 같은 사람에게 매수하게 하는 것이 상당하다고 인정될 때 여러 개의 부동산을 하나의 경매 절차에서 매각하도록 하는 것을 말함.

매각불허가결정

매각기일로부터 7일 이내에 법원이 경매 절차에 결격사유가 있을 때 최고가 매수신고인에 대하여 경매 부동산의 소유권 취득의 허가를 하지 않는 법원의 집행처분을 말함.

매각허가결정

매각기일로부터 7일 이내에 법원이 최고가 매수 신고인에 대해 경매부동산의 소유권을 취득시키는 집행 처분을 말함.

매각허가확정

매각허가결정일로부터 7일 이내에 이해관계인의 이의 신청이 없을 때 법원에서 확정하며 잔금 납부의 기점이 됨을 말함.

대항력

이미 성립한 권리관계를 타인에 대하여 주장할 수 있는 권리임. 주택 임차인의 경우 인도와 주민등록을 해야 하며, 상가건물임차인의 경우 에는 인도와 사업자등록신청을 하면 그다음 날에 대항력이 인정됨을 말함.

명도소송

건물 소유자가 불법 점유자를 상태로 건물을 명도해 달라고 하는 소송 을 말함.

배당

낙찰 후 매각 대금 납부 후 2~3주 내에 관련 이해관계인에게 매각 대 금에서 법적 규정에 따라 배분하는 것을 말함.

변경

경매진행절차에 있어서 변경사항이 발생하면 법원의 직권으로 매각기 일을 바꾸는 것을 말함.

새매각(신경매)

매각을 실시 했으나 매수인이 결정되지 않았기 때문에 다시 기일을 지정하여 실시하는 경매를 말함.

재매각(재경매)

매각허가결정이 확정되어 매수인이 결정되었음에도 불구하고 그가 대금을 지급하지 아니하였기 때문에 다시 실시하는 경매를 말함.

재항고

항고가 기각 또는 각하되었을 때 상급법원에 불복을 제기하는 것을 말함.

소액보증금

주택임대차보호법 제 8조, 상가건물 임대차보호법 제14조에 따라 매각대금에서 최우선으로 보호받을 수 있는 임차보증금을 말함.

압류

금전채권에 관한 강제집행의 착수로서, 집행 기관이 우선하여 채무자 재산의 사실상 또는 법률상의 처분을 금지하기 위해 행하는 강제 행위를 말함.

연기

채무자, 소유자 또는 이해관계인의 신청과 동의 아래 지정된 매각 기일을 다음 기일로 미루는 것을 말함.

인수주의

경매 부동산에 있는 권리 및 임대차 관계가 경매로 매각이 되어도 소멸하지 않고 매수인이 인수해야 하는 것을 말함.

인도명령

소유자, 채무자, 점유자 등을 대상으로 부동산 점유권을 인도받기 위해 경매법원의 명령에 따라 매수한 부동산을 인도받을 수 있도록 강제집행할 수 있는 명령을 말함.

유찰

매각기일에 매수신고인이 없는 경우를 말함.

저당권

채무자가 채무의 담보로 제공한 부동산을 채권자가 관념적으로 지배하여 채무자가 변제를 하지 않을 때 그 물건에서 우선적으로 변제 받을 수 있는 권리를 말함.

지상권

공작물이나 수목을 소유하기 위하여 타인의 토지를 사용할 수 있는 권리를 말함.

최고가 매수신고인

입찰자 중에서 최저매각가격 이상의 가격 중 가장 높은 입찰액을 적어 신고한 사람을 말함.

차순위 매수신고인

최고가 매수신고인 이외의 입찰자 중에서 그 신고액이 최고가 매수신고액에서 그 보증을 뺀 금액을 넘는 가격으로 입찰에 응한 후 법원에 이를 신고한 사람을 말함.

특별매각조건

매각조건을 집행법원이 직권으로 특별히 정하는 것으로 재매각 시 20%의 입찰보증금을 보관시키는 것, 매수인의 대금납부 지연 시 연 20%의 지연 이자율을 적용하는 것 등을 말함.

확정일자

증서에 대하여 그 작성한 일자에 관한 안전한 증거가 될 수 있는 것으로 법률상 인정되는 일자를 말함.

현황조사

경매 개시 이후 법원의 명령으로 집행관이 부동산의 현상, 점유 관계, 차임 또는 보증금이수액 기타 현황에 관하여 조사하는 것을 말함.

기각

부동산 이해관계인이 제기한 항고 내용이 법적 항고 내용에 해당하지 않아 이를 배척하는 것을 말함.

각하

이해관계인이 제기한 항고가 요건을 제대로 갖추지 않아 사건 일체를 심리하지 않고 배척하는 것을 말함.

대금지급기한

매각허가결정이 확정되고 법원이 정한 대금의 지급기한을 말함. 법원은 기일을 최고가 매수 신고인에게 통지해야 하고, 매수인은 대금지급기한까지 대금을 납부해야 함.

입찰보증금(매수보증금)

입찰하고자 하는 사람은 최저매각가격의 10%에 해당하는 보증금을 입찰 봉투에 기일입찰표와 함께 입찰보증금을 봉투에 넣어 제출해야 함.

배당요구

경매가 개시되면 채권자들은 법원으로부터 배당요구신고를 하도록 통지받고 배당요구의 종기일까지 신청해야 하는 것을 말함.

소유권이전청구 가등기

주택 매매 시 매수인이 잔금을 납부 하기 전 매도인이 제삼자에 이중매매를 하지 못하도록 방지할 목적으로 해두는 가등기를 말함.

당해세

경매목적 부동산에 부과된 조세와 가산금으로, 국세와 지방세를 말함. 경매 비용과 마찬가지로 우선 변제 채권보다 우선 배당을 받게 됨.

경매개시결정 기입등기

경매개시결정 기입등기를 줄여서 경매등기라고 함. 집행법원이 경매하기로 결정하는 것을 경매개시결정이라고 함. 등기부에 강제경매개시결정 또는 임의경매개시결정으로 경매등기가 되어 있음.

근저당권

은행에서 주택을 담보로 돈을 빌리면 은행도 채무자가 돈을 갚지 않았을 경우를 대비하여 아파트를 담보로 잡음. 이때 아파트 등기부에 저당권의 일종인 근저당권을 설정함. 근저당권을 설정하면 이후 다른 채권자 또는 후순위 권리자보다 우선해서 변제를 받을 수 있음.

낙찰
경매 입찰 절차에서 1등을 한 것을 말함.

유찰
경매 입찰 참여자가 한 명도 없음을 말함.

패찰
경매 입찰 절차에서 탈락했음을 말함.

대납
낙찰자가 잔대금을 납부함으로써 사실상 경매 절차가 종료되는 것을 말함.

말소기준권리
경매 물건의 등기사항에서 저당, 근저당, 압류, 가압류, 가등기, 담보 가등기, 경매기입등기 등의 권리 중에서 가장 먼저 설정된 권리를 말함. '소멸기준권리'라고도 한다. 말소기준권리 이후의 권리는 낙찰자가 인수하지 않고 소멸하는 권리임. 말소기준권리 이전의 권리가 있다면 낙찰자가 인수해야 하는 권리이므로 상당한 주의가 필요함.

매각물건명세서

경매법원이 작성한 경매 물건에 대한 자세한 설명서라고 할 수 있음. 매각기일이 7일 정도 남았을 때 누구나 대법원경매 정보사이트에서 온라인으로 또는 오프라인으로 열람할 수 있음.

집행관

입찰 법정에서 경매의 매각 절차를 진행하는 사람을 말함. 입찰 법정에서 맨 앞 가운에 앉아 경매 절차를 주도하는 사람임.

경매
서식

부동산임의경매신청서

<table>
<tr><td>채 권 자</td><td>성 명
주 소</td></tr>
<tr><td>채 무 자</td><td>성 명
주 소</td></tr>
</table>

청구금액 : 원금   원 및 이에 대한   년   월   일부터 다 갚을 때까
지 연   % 비율에 의한 금원

경매할 부동산의 표시 : 별지 목록 기재와 같음

담보권과 피담보채권의 표시

채무자는 채권자에게   년 월 일 금   원을, 이자는 연   %, 변
제기일   년 월   일로 정하여 대여하였고, 위 채무의 담보로 별지목록 기재
부동산에 대하여   지방법원   등기 접수 제   호로서 근저당권설정등기
를 마쳤는데, 채무자는 변제기가 경과하여도 아직까지 변제하지 아니하므로 위
청구금액의 변제에 충당하기 위하여 위 부동산에 대하여 담보권실행을 위한 경
매절차를 개시하여 주시기 바랍니다.

첨 부 서 류

1. 부동산등기부등본   1통
2. 근저당권설정계약서(채권증서 또는 원인증서 포함)사본 1통

년   월   일

위 채권자   (인)

연락처(☎)

지방법원   귀중

☞유의사항
　이 신청서를 접수할 때에는(신청서상의 이해관계인 + 3) × 10회분에 해당하는 송달료를 송달
료수납은행에 현금으로 납부하여야 합니다.
　채권원인서면이란 차용증, 약속어음등 채권의 존재와 금액을 확인할 수 있는 서면을 말합니다.

붙임【목록 양식】

부동산 목록

1. 서울 서초구 서초동 ○○번지
   대 ○○○평방미터(㎡)

2. 위 지상
   철근콘크리트조 슬래브지붕 주택
   1층 ○○평방미터(㎡)
   2층 ○○평방미터(㎡)

3. 목록(아파트 등 대지권 표시 예)
   1동의 건물의 표시
      서울 서초구 ○○동 ○○ - ○
      ○○아파트 제○○동
      철근콘크리트조 슬래브지붕 ○○층 아파트

   전유부분의 건물의 표시
      건물의 번호 : ○○ - ○ - ○○○
      구   조 : 철근콘크리트조
      면   적 : ○ 층 ○○호 ○○.○○평방미터(㎡)

   대지권의 표시
      토지의 표시 : 1. 서울 서초구 ○○동 ○○ - ○
                       대 ○○○○평방미터(㎡)
      대지권의 종류 : 1. 소 유 권
      대지권의 비율 : ○○○○ 분의 ○○○

붙임 【이해관계인 일람표 양식】

순위	이해관계인	성명	주소
	채권자	○○○	서울 동대문구 ○○○
	채무자	○○○	서울 광진구 ○○○
	소유자	○○○	서울 중랑구 ○○○
	근저당권자	주식회사 ○○은행	서울 서초구 ○○○
	전세권자	김 ○○	서울 송파구 ○○동 ○○
	.		
	.		
	.		
	.		

명 도 확 인 서

사건번호   타경

위 사건 부동산에 관하여 임차인   은(는) 그 점유 부동
산을 낙찰자에게 명도하였으므로 이에 확인합니다.

첨 부
낙찰자 인감증명 1통

                  년   월   일

                  낙찰자 성명   (인감인)
                  주소

지방법원 지원 경매 계 귀중

1. 주소는 입찰서에 기재된 주소와 같아야 하며, 이는 주민등록상의 주소이어야
   한다.
2. 임차인이 배당금을 찾기 전에 이사 가기 어려운 실정이므로, 서로 간에 이사
   날을 약속하고 이를 신뢰할 수 있다고 여겨지면 임차인이 이사하기 전에 낙
   찰자는 명도확인서를 해주는 것이 바람직하다.

(앞면)

기 간 입 찰 표

지방법원 집행관 귀하 매각(개찰)기일 : 년 월 일

사 건 번 호		타 경 호	물 건 번 호	※물건번호가 여러개 있는 경우에는 꼭 기재

입 찰 자	본인	성 명			전화번호	
		주민(사업자) 등록번호		법인등록 번 호		
		주 소				
	대 리 인	성 명		본인과의 관 계		
		주민등록 번 호		전화번호	–	
		주 소				

입찰 가격	천 억	백 억	십 억	억	천 만	백 만	십 만	만	천	백	십	일		보증 금액	백 억	십 억	억	천 만	백 만	십 만	만	천	백	십	일	
													원													원

보증의 제공방법	□ 입금증명서 □ 보증서	보증을 반환 받았습니다. 입찰자

주의사항.
1. 입찰표는 물건마다 별도의 용지를 사용하십시오, 다만, 일괄입찰시에는 1매의 용지를 사용하십시오.
2. 한 사건에서 입찰물건이 여러개 있고 그 물건들이 개별적으로 입찰에 부쳐진 경우에는 사건번호외에 물건번호를 기재하십시오.
3. 입찰자가 법인인 경우에는 본인의 성명란에 법인의 명칭과 대표자의 지위 및 성명을, 주민등록란에는 입찰자가 개인인 경우에는 주민등록번호를, 법인인 경우에는 사업자등록번호를 기재하고, 대표자의 자격을 증명하는 서면(법인의 등기사항증명서)을 제출하여야 합니다.
4. 주소는 주민등록상의 주소를, 법인은 등기기록상의 본점소재지를 기재하시고, 신분확인상 필요하오니 주민등록등본이나 법인등기사항전부증명서를 동봉하십시오.
5. 입찰가격은 수정할 수 없으므로, 수정을 요하는 때에는 새 용지를 사용하십시오.
6. 대리인이 입찰하는 때에는 입찰자란에 본인과 대리인의 인적사항 및 본인과의 관계 등을 모두 기재하는 외에 본인의 위임장(입찰표 뒷면을 사용)과 인감증명을 제출하십시오.
7. 위임장, 인감증명 및 자격증명서는 이 입찰표에 첨부하십시오.
8. 입찰함에 투입된 후에는 입찰표의 취소, 변경이나 교환이 불가능합니다.
9. 공동으로 입찰하는 경우에는 공동입찰신고서를 입찰표와 함께 제출하되, 입찰표의 본인란에는 "별첨 공동입찰자목록 기재와 같음"이라고 기재한 다음, 입찰표와 공동입찰신고서 사이에는 공동입찰자 전원이 간인하십시오.
10. 입찰자 본인 또는 대리인 누구나 보증을 반환 받을 수 있습니다(입금증명서에 의한 보증은 예금계좌로 반환됩니다).
11. 보증의 제공방법(입금증명서 또는 보증서)중 하나를 선택하여 ☑표를 기재 하십시오.

(뒷면)

위 임 장

대리인	성 명		직업	
	주민등록번호	-	전화번호	
	주 소			

위 사람을 대리인으로 정하고 다음 사항을 위임함.

다 음

지방법원　　　　타경　　　　호 부동산

경매사건에 관한 입찰행위 일체

본인 1	성 명	(인감인)	직 업	
	주민등록번호	-	전 화 번 호	
	주 소			
본인 2	성 명	(인감인)	직 업	
	주민등록번호	-	전 화 번 호	
	주 소			
본인 3	성 명	(인감인)	직 업	
	주민등록번호	-	전 화 번 호	
	주 소			

* 본인의 인감 증명서 첨부
* 본인이 법인인 경우에는 주민등록번호란에 사업자등록번호를 기재

지방법원 귀중

권리신고 및 배당요구신청서

사 건 20○○타경 ○○○ 부동산 강제(임의)경매
채권자 ○ ○ ○
채무자 ○ ○ ○
소유자 ○ ○ ○
배당요구채권자 ○ ○ ○

임차인은 위 사건에 관한 경매 절차에서 임차보증금을 변제받기 위하여 다음과 같이 권리 신고 및 배당요구를 신청합니다.

다 음

(예시)
계 약 일 : 2005. 8. 30
계약당사자 : 임대인 : ○○○   임차인 : ○○○
임대차기간 :
임대보증금 : 금 15,000,000원
임차 부분 : 2층 건물 중 1층 주택 전부(방 2칸, 부엌 1칸, 거실 1칸, 욕실 1
칸, 다락 1칸)
입주일(주택인도일) : 2005. 8. 31.
주민등록 전입신고일 : 2008. 2. 25.
확정일자 유무 : 유(2005. 8. 30) 또는 무
전세권 등기 유무 : 무

첨 부 서 류

1. 전세(또는 임대차)계약서 사본　　1통
1. 주민등록등(초)본　　　　　　　　1통
1. 건물도면(건물 일부를 임차한 경우) 1통

20○○. ○. ○○.

권리신고인 겸 배당요구신청인 ○ ○ ○ (인)
(전화 :　　　　　　　)

서울 ○○ 지방법원 귀중

집행관 송달신청서

사건번호
채 권 자
채 무 자
소 유 자

위 사건에 관하여 소유자는 경매신청서에 기재된 주소지에 거주하고 있으면서 고의로 송달을 불능시키고 있으니 귀원 집행관으로 하여금 송달토록 하여 주시기 바랍니다.

첨 부 서 류

1. 주민등록등본   1통

년   월   일

채 권 자   (인)
연락처(☎)

지방법원   귀중

배당액 영수증

사건번호

채 권 자

채 무 자

위 사건에 관하여 집행력 있는 정본에 기한 집행채권액
　　　원 중 그 일부인　　　　원을 배당액으로서 정히 영수
함.

　　　　　　　년　　　월　　　일

위 영수인 채권자(배당요구 채권자)　　　　　　　　(인)

　연락처(☎)

　　　　　　지방법원　　　귀중

☞유의사항

채권전부의 배당을 받는 채권자는 배당액지급증을 수령하는 동시에 집행력 있는
정본 또는 공정증서(채권증서) 등을 채무자에게 교부하여야 하고, 채권의 일부만
배당받는 채권자는 집행력 있는 정본 또는 공정증서(채권증서) 등을 제출하여 배
당액을 기입하여 반환받음과 동시에 배당액 영수증을 제출하셔야 합니다.

강제경매개시결정에 대한 이의신청

사건번호
신청인(채무자)
    ○시 ○구 ○동 ○번지
피신청인(채권자)
    ○시 ○구 ○동 ○번지

신 청 취 지

위 사건에 관하여   년   월   일 귀원이 행한 강제경매개시결정은 이를 취소한다. 피신청인의 본건 강제경매신청은 이를 기각한다.
라는 재판을 구함.

신 청 이 유

1. 채권자인 피신청인은 채무자인 신청인과의 사이의 ○○지방법원 ○호 ○○ 청구사건의 집행력 있는 판결정본에 기하여 ○○○○년 ○월 ○일 귀원에 강제경매신청을 하여, ○○○○년 ○월 ○일 위 개시 결정이 되어, 이 결정 이 ○○○○년 ○월 ○일 채무자인 신청인에게 송달되었습니다.
2. 그런데 위 강제집행의 전제인 위 채무명의는 신청인에게는 송달되지 않은 것으로서 그 송달 전에 위 개시 결정을 한 것은 집행개시 요건의 흠결이 있음에도 불구하고 행한 위법한 것이므로 본건 이의를 신청하는 바입니다.

○○○○년   ○월   ○일

위 신청인(채무자)   (인)
연락처(☎)

지방법원   귀중

☞유의사항
  1) 이해관계인은 매각대금을 완납할 때까지 법원에 개시 결정에 대한 이의신청을 할 수 있고 이의 사유는 집행법원이 준수하여야 할 경매 절차상의 형식적 하자로서 개시 결정 전의 것 이어야 함이 원칙이나, 채무명의의 존재는 집행속행요건이기도 하므로, 그 실효와 같은 사유는 그 후에 발생한 것이라도 무방합니다.
  2) 신청서에는 1,000원의 인지를 붙여 1통을 집행법원에 제출하고, 이의 재판정본 송달료를(2회분) 납부하여야 합니다.

경매 취하 동의서

사건번호

채 권 자 ○○○

채 무 자 ○○○

소 유 자 ○○○

　위 사건에 관하여 매수인은 채권자가 위 경매신청을 취하하
는데 대하여 동의합니다.

첨 부 서 류

1. 매수인 인감증명   1부

2007년   월   일

매 수 인   (인)

연락처(☎)

○ ○ 지방법원   귀중

[전산양식 A3364]

공 동 입 찰 신 고 서

법원 집행관   귀하

사건번호   20 타경   호
물건번호
공동입찰자   별지 목록과 같음

위 사건에 관하여 공동입찰을 신고합니다.

20 년   월   일

신청인   외   인(별지목록 기재와 같음)

※ 1. 공동입찰을 하는 때에는 입찰표에 각자의 지분을 분명하게 표시하여야
      합니다.
   2. 별지 공동입찰자 목록과 사이에 공동입찰자 전원이 간인하십시오.

용지규격 210mm×297mm(A4용지)

[전산양식 A3365]

공 동 입 찰 자 목 록

번호	성 명	주 소		지분
		주민등록번호	전화번호	
	(인)	-		
	(인)	-		
	(인)	-		
	(인)	-		
	(인)	-		
	(인)	-		
	(인)	-		
	(인)	-		
	(인)	-		
	(인)	-		

용지규격 210mm×297mm(A4용지)

이사비 영수증 양식

영 수 증

블루다이아 귀하

금 액 : 백만원 정(₩1,000,000)

부동산의 표시 : 인천광역시 연수구 송도동 0000아파트 00동 00호(건물면적: 84.9㎡)

상기 금액은 위 부동산 명도 합의금(이사비)으로 정히 영수함.

2017년 2월 9일

영수인 :   (인)

영 수 증

블루다이아 귀하

금 액 : 백만원 정(₩1,000,000)

부동산의 표시 : 인천광역시 연수구 송도동 0000아파트 00동 00호(건물면적: 84.9㎡)

상기 금액은 위 부동산 명도 합의금(이사비)으로 정히 영수함.

2017년 2월 9일

영수인 :   (인)

임차인 분석 체크리스트

종 류	임차인 1	기 타
말소기준권리	종류 : 일자 :	금전지급과 관련된 권리 중 배당 신청 한 것
대항력 확보일		대항력 확보일 (전입일 + 1) :
대항력 유무	O X	대항력 확보일이 말소기준권리와 같거나 빠름
확정일자일		
우선변제권 (배당)확보일		대항력 확보일과 확정일자 중 늦은 날짜
우선변제 (배당)권 유무		근저당 설정일 보다 빠를 경우
배당요구 종기일		
배당 신청 날짜		철회 여부
예상 배당금액		
우선 변제액		
우선 변제 순위	: 선순위 후순위	
소액 임차인 유무		
최우선 변제액		
낙찰자 인수 금액		
기타		

입찰 전 체크리스트

	종류	최저가	평균가	최고가	현재 물건	전세	월세	비고
온라인 시세파악	네이버 시세							
	KB 시세							
	국토부 실거래가				1 분기	2 분기	3 분기	4 분기
오프라인 시세파악	부동산 1							
	부동산 2							
	부동산 3							
	부동산 4							
	방향/충수에 따른 가감	1 충 및 탑충에 따른 가감			방향에 따른 가감		기타	
	최근 동일 물건 낙찰가격							
문제점들은 없나?	현장 확인 시 문제점	전입세대 열람		주변환경	관리비	우편물	기타	
	권리분석상 문제점							
	임차인 문제점							
	배당상 문제점							
	주거인 구성							
	인수 금액 여부							
	예상 경비	취득세/ 법무사비	은행이자	중개비	이사비/ 명도비	관리비	리모델링	기타
	예상 입찰가				매도가격 − 경비 총합 − 세금 − 문제점에 따른 비용			
	입찰전 CHK	감정 평가서	등기부 등본	대법원	매각물건 명세서 &현황조사서	문건 접수 내역		기타

경매
사이트
추천

경매사이트 추천

경매투자는 시간과의 싸움이니 입찰 기일이 확실히 정해져 있는 상태에서 빠른 정보를 가지고 움직이는 것은 다른 입찰자보다 우위에 설수 있는 점이 있다. 예를 들면 신건인 어떤 물건에 대한 정보를 얻기위해 임장을 갔을 때와 많은 사람이 다녀간 후에 임장을 갔을 때, 누구에게 더 많은 정보를 줄 수 있을까? 물건에 대해 답하는 것도 보통 일이 아니기 때문에 먼저 가서 정보를 얻는 것이 좀 더 확실하고 많은 정보를 받을 수 있다. 하지만 그전에 경매정보사이트에서 권리상에 문제가 없는지 감정가 및 낙찰가는 얼마인지 얼마나 많은 사람에게 관심이있는 물건인지 확인해보는 것은 임장할 때 많은 도움이 될 수 있다.

대법원경매사이트에선 무료로 기본정보들을 오픈해준다. 하지만 그안에서 빠른 정보를 얻기는 쉽지가 않다. 따라서 유료 경매 정보사이트가 존재하는 것이다. 전국 기준으로 한다면 적게는 50만 원부터 많게는 200만 원까지 1년 결제를 하고 정보를 확인할 수 있다.

무료경매사이트이면서 등기부 등본까지 한 번에 볼 수 있는 경매정보 사이트를 추천한다. 등기부 등본을 한 통 떼려면 인터넷등기소에서 1,000원을 결제한 다음에 볼 수 있다. 하지만 소개하려는 '어서옥션' 경매정보사이트는 물건 검색부터 타 사이트에서는 유료로 확인할 수 있는 정보들을 모두 무료로 사용할 수 있기 때문에 적극적으로 추천한다.

'어서옥션' 사이트를 통해 물건을 보고 타 사이트와의 차별점에 대해 알아보겠다.

　'어서옥션'에서는 한눈에 내가 검색하고 싶은 것들이 심플하게 나와
있다. 경매검색부터 예정물건, 경매 교육, 커뮤니티 및 공매물건도 확
인할 수 있도록 KAMCO 탭을 한 번에 접근할 수 있다. 또한 기일별로
어떤 물건이 나올 것이며, 어떤 물건이 얼마에 낙찰받았는지를 확인할
수 있다. 이러한 정보들을 꾸준히 보고 있다면 내가 원하는 물건이 얼
마에 낙찰받을 수 있을지 예상도 할 수 있다. 또한 사람들에게 어떤 물
건이 가장 관심이 가는 물건인지 조회수 TOP 부분에서도 체크를 할 수
있다. 조회 수가 많은 물건이라면 경쟁이 높아질 수 있기 때문에 입찰
가를 잘 선정해야 한다.

   물건을 검색할 때 권리분석을 한눈에 볼 수 있다면 많은 시간을 아껴줄 것이다. 타 사이트에는 물건을 직접 들어가서 유치권행사가 있는 물건인지, 대항력이 있는 물건인지 확인할 수 있다. 하지만 '어서옥션'에서는 검색 조건에 맞는 리스트에서 추가정보를 통해 유치권, 특별매각조건, 농지취득 등 정보를 한눈에 볼 수 있기 때문에 시간이라는 투자 비용을 절약할 수 있다.

관심이 가는 물건을 클릭하여 상세내용을 전부 확인할 수 있다. 가장 기본인 사건 내용에 대해서 먼저 물건에 대해 금액 등을 확인하고, 모든 사진정보를 확인할 수 있다. 심지어 '어서옥션' 자체에서 사진까지 추가로 제공하는 부분들이 있어 물건에 대해 좀 더 심도 깊은 정보를 확인할 수 있다. 가장 중요한 내용을 위쪽에 정리해서 두었기 때문에 스크롤 하는 시간까지 절약할 수 있어 하루에 30개 이상 물건을 보고 확인하는 데 도움이 된다. 물건은 누구에게나 보이지 않는다. 따라서 많은 물건을 본 사람이 좋은 물건을 고를 수 있는 건 당연하다.

　경매를 처음 접하는 분들은 한 가지 물건에 대해서만 집중을 할 수 있다. 첫 투자가 아파트 투자라면 대부분 아파트 투자에만 집중하는 경우를 많이 봤다. 하지만 경매는 아파트만 혹은 오피스텔만 하는 것이 아니라 좋은 수익을 가져다줄 수 있는 역할을 하는 것이기 때문에 주거시설 및 상업시설로 구분하여 다양한 물건을 보는 것을 추천한다.

　'어서옥션'에서는 주거시설 및 상업시설에 대해서 좀 더 세분화시

켜 구분하고 있다. 따라서 사이트를 통해 이 물건은 어떤 형태로 운영되고 있는지 살펴보고 혹은 내가 알고 있는 분야의 상업시설이라면 좀 더 물건에 접근하기 쉬울 것이다.

　마지막으로 '어서옥션'에서는 내가 오늘 본 물건은 무엇이며 관심물건으로 체크해 둔 물건을 한 번에 볼 수 있다. 추가로 부동산 시세의 기준이 되는 kb 시세까지 링크를 타고 가서 볼 수 있기 때문에 물건에서 가장 중요한 시세까지 한눈에 볼 수 있다.

　타 사이트에서 유료로 공개하고 있는 정보들을 무료로 확인할 수 있고, 경매정보를 검색하는 사람들의 입장에서 사용하기 편하게 만들어져 있는, '어서옥션'을 사용하는 것을 추천한다.

지금까지 경매 투자로 좋은 결과물을 만들 수 있던 것은 재경사의 도움이 정말 컸다. 실제로 경매를 경험하지 못하거나 한 번 정도의 경험이 있을 때 가장 두려운 것은 부동산에 큰돈을 투자를 하고 혹시나 권리분석을 잘 못 하진 않았을까 대출이 나오지 않으면 어떻게 해야 할까 라는 고민이 많이 생길수 밖에 없다. 그러는데서 나는 '재경사'라는 실전반에 들어가서 그 모든 것을 해결할 수 있었다. 실전반 매니저인 등대지기님은 10년의 경매 투자 경험을 가지고 있어 공매, NPL 등으로 실제 많은 건의 부동산을 소유하고 있다. 그러한 경험을 바탕으로 실전반 멤버들에게 경매가 어려운 것만은 아니구나고 느끼게 해주고 있다.

실전반의 주된 목적은 단순히 낙찰이 아닌 좋은 부동산을 매입하는 것이다. 다시 말해 낙찰은 얼마든지 받을 수 있으나 좋은 부동산을 매입하는 것은 그만큼 경험이 풍부하고 투자 경험도 많아야 가능하다. 좋은 부동산의 기준으로는 높은 수익률과 환금성이 뛰어난 부동산이고 좋은 부동산을 매입해야만 사후관리가 편리하다.

실전반 멤버들의 투자성향과 조건에 맞는 물건을 매주

추천물건을 보내주고, 멤버들이 추천물건을 임장활동으로 조사된 정보를 매주 모임에서 토론하고 연구해서 입찰까지 진행되고 있다. 그 외 권리분석이나 물건분석과 대출까지 설계해 주고 있다.

부동산경매는 본인의 지식과 경험 대비 수익을 얻는 재테크 방식이다. 이를 공부하고 투자까지 이어지는 과정은 결코 짧은 시간이 아니다. 하지만 경험이 많고 투자에 성공한 사람에게 가이드를 받을 수 있는 것만으로도 시간을 크게 줄일 수 있을 것이다.

부동산 경매를 어떻게 시작해야 하는가 라는 막연한 생각이 있다면 '재경사'라는 카페에 들어와서 사람들의 투자현황과 진행방식을 확인하고 필요하다면 실전반 오프라인 모임에 참여하는 것을 추천한다.

실전반에서는 공동투자자를 찾기도 쉬울 수 있다. 좋은 물건을 찾았는데 투자할 수 있는 현금이 부족하다면 공동투자의 개념으로 접근할 수도 있기 때문이다. 실제로 멤버들이 여러 물건을 공동투자로 접근해서 더 큰 수익을 실현하고 있다.

나는 30살에 경매를 시작해 40살에 은퇴를 꿈꾼다

발행일 2019년 6월 3일
1판2쇄 2019년 12월 16일

글쓴이 박수훈, 엄진성
펴낸이 박승합
펴낸곳 노드미디어

편　집 박효서
디자인 김은미

주　소 서울시 용산구 한강대로 341 대한빌딩 206호
전　화 02-754-1867
팩　스 02-753-1867
이메일 nodemedia@daum.net
홈페이지 www.enodemedia.co.kr

등록번호 제302-2008-000043호

ISBN 978-89-8458-328-3
정　가 15,000원